Edition Paashaas Verlag

Die im Buch veröffentlichten Ratschläge wurden von der Verfasserin sorgfältig erarbeitet und geprüft. Eine Garantie kann dennoch nicht übernommen werden; ebenso ist eine Haftung der Verfasserin bzw. des Verlages und seiner Beauftragten für Personen-, Sach- und Vermögensschäden ausgeschlossen.

Namen und Begebenheiten in den Geschichten sind frei erfunden. Ähnlichkeiten mit lebenden Personen und tatsächlichen Begebenheiten sind nicht beabsichtigt, sondern rein zufällig.

Krimiparty Sonderausgabe 12

Schatten der Vergangenheit

Ein Kreuzfahrt-Krimi

Autor: Cornelia H.-Müller
Cover-Motive: Pixabay
Cover designed by Michael Frädrich

www.verlag-epv.de
ISBN: 978-3-96174-025-3
Juli 2018

Die Deutsche Nationalbibliothek verzeichnet diese Publikation in der Deutschen Nationalbibliografie; detaillierte bibliografische Daten sind im Internet über http://dnb.d-nb.de abrufbar.

Inhaltsverzeichnis

Einleitung

Mithilfe dieses Buches können Sie zu Hause gemeinsam mit Ihren Familienmitgliedern und Gästen auf Tätersuche gehen. Sie tauchen ein in einen spannenden Mordfall, ermitteln, befragen und bewerten Tatsachen und Aussagen.

Dabei werden von niemandem schauspielerische Fähigkeiten verlangt. Sie sitzen mit Ihren Mitspielern in gemütlicher Runde beisammen und versuchen gemeinsam, dem Täter auf die Spur zu kommen!

Zu jedem Krimi gibt es eine Geschichte des Verbrechens, die in der Runde vorgelesen wird und darüber informiert, was passiert ist, sowie Rollenbeschreibungen für alle Mitspieler und eine schlüssige Auflösung.

Die Krimis sind so angelegt, dass in einem Raum ermittelt wird. Ob Sie also im Wohnzimmer oder im Freien während eines Grillfestes versuchen, mit Ihren Gästen den Fall zu lösen, spielt keine Rolle.

Das Buch ist mit dem Internet gekoppelt.
Das benötigte Zubehör können Sie ganz einfach herunterladen und ausdrucken. Einladungen, Namensschilder, Kurztexte und Rollentexte finden Sie auf:

http://www.verlag-epv.de im Bereich Downloads unter Krimiparty.
Ihre Zugangsdaten lauten:
Benutzername: krimipartysb12
Passwort: hmueller18

So funktioniert ein Mitspielkrimi!

Erklärungen zur Durchführung

Lesen Sie die Grundgeschichte und die dazu gehörenden Rollen bitte gründlich durch. Überlegen Sie, welcher Mitspieler welche Rolle übernehmen soll. Es ist kein Problem, wenn einmal eine Dame eine Herrenrolle übernimmt oder umgekehrt. Wenn Sie allerdings auch mit ermitteln wollen, ohne zu wissen, wer der Täter ist, vergeben Sie die Rollen blind und lesen Sie keinesfalls die Auflösung durch. Auf diese Weise werden auch Sie als Gastgeber zum "echten" Ermittler.

Haben Sie einen Internet-Anschluss? Dann können Sie unter **www.verlag-epv.de** die einzelnen Rollen für Ihre Gäste herunterladen und ausdrucken. Sollten Sie diese Möglichkeit nicht haben, kopieren Sie sie aus dem Buch.

Die Rollentexte werden erst am Abend selbst an die Mitspieler vergeben. Versenden Sie sie bitte nicht mit der Einladung.

Bereiten Sie Namensschilder mit den Rollennamen für Ihre Gäste vor, diese werden am Spielabend mit einem Klebestreifen oder Klämmerchen für alle sichtbar angeheftet. Auch diese sind im Internet zum Download hinterlegt.

Drucken Sie die Kurzbeschreibung für Ihre Gäste aus; sie erleichtert den Einstieg und hilft, sich die neuen Spiel-Namen zu merken. Wenn möglich, drucken oder fotokopieren Sie für jeden Gast eine Kurzbeschreibung.

Der Spielablauf

Ihre Gäste werden sicher schon sehr gespannt sein, was sie erwartet. Damit Ihr Krimiabend zum Erfolg wird, noch folgende Tipps:

Schaffen Sie eine gemütliche Atmosphäre und vermeiden Sie zu helles Licht. Stellen Sie Kerzen oder kleine Lichter auf; dies schafft den richtigen Rahmen. Legen Sie bitte für jeden Gast Papier und Stift bereit. Notizen zur Geschichte und zu den einzelnen Aussagen der Mitspieler sind wichtige Stützen bei der Ermittlungsarbeit. Halten Sie bitte auch für jeden Gast die ausgedruckte Kurzbeschreibung des Falles bereit.

Haben Sie ein Abendessen für Ihre Gäste vorgesehen?

Dann dekorieren Sie die Kurzbeschreibungen mit auf der Tafel. Sie werden feststellen, dass es bereits beim Lesen dieser Information rege Gespräche und Verdächtigungen gibt. Wenn sich die Gäste untereinander noch nicht kennen, dient die Kurzbeschreibung ganz wunderbar als Eisbrecher.

Wenn Sie ein Menü mit mehreren Gängen servieren, gehen Sie wie folgt vor:

Verteilen Sie vor der Vorspeise die Namensschilder. Jeder Gast weiß nun, wen er heute Abend charakterlichvertritt.

Lesen Sie nach der Vorspeise den ersten Teil der Geschichte vor. Es ist in der Geschichte vermerkt, an welcher Stelle die Lesung unterbrochen werden kann, um den Hauptgang zu genießen.

Auf diese Weise wird Ihr Abend zu einem richtigen Krimidinner.

Nach dem Hauptgang lesen Sie den Rest der Geschichte vor.

Erst danach erhält jeder Gast seine persönliche Rolle, die aus Vorstellungstext und Geheimtext besteht. Diese Texte werden nun von den Mitspielern gründlich und vor allem diskret studiert. Wenn alle Gäste soweit sind und ihre Rolle gelesen haben, beginnt die Vorstellungsrunde. Alle Mitspieler lesen reihum ihren Vorstellungstext vor.

Der geheime Text enthält weitere Informationen und ergänzt die Geschichte; er wird nicht vorgelesen, sondern bietet Hintergrundinfornationen, die jede einzelne Person zum Ermitteln benötigt und dann nach eigenem Geschick in die Ermittlungen einbringen kann. Der Mörder erfährt in seinem Geheimtext auch, dass er der Täter ist.

Nach der Vorstellungsrunde beginnen die Ermittlungen; durch Vorstellungs- und Geheimtext ergeben sich viele Fragen, die nun gestellt und beantwortet werden.

Lügen, darauf sollten Sie Ihre Gäste noch einmal hinweisen, darf wirklich nur der Täter. Alle anderen müssen sich nahe an der Wahrheit orientieren.

Wenn die Ermittlungen abgeschlossen sind, verteilen Sie Zettel, wo jeder seinen Namen und seinen Täterverdacht aufschreiben kann. Sammeln Sie die Zettel ein. Danach servieren Sie, wenn es vorgesehen ist, das Dessert.

Zum Abschluss lesen Sie als Gastgeber die Auflösung des Falles vor. Erst jetzt darf sich der Täter zu erkennen geben!

Geben Sie bekannt, wie viele anhand der eingesammelten Zettel den richtigen Täter ermittelt haben – eventuell machen Sie daraus sogar ein kleines Gewinnspiel, indem Sie etwas verlosen.
Beenden Sie den Abend mit der Verlesung des Schlusswortes; dieses sorgt sicher noch einmal für viel Spaß.

Wenn Sie kein Abendessen, sondern nur einen kleinen Snack planen, gehen Sie wie folgt vor:

- Begrüßung der Gäste und Verteilung der Namensschilder und der Kurzbeschreibung
- Verteilung von Papier und Bleistift für Notizen
- Vorlesen der Grundgeschichte
- Verteilen der Rollentexte
- diskretes Studieren der Rollentexte
- Vorstellungsrunde
- Ermittlungen
- Täterverdacht aufschreiben lassen
- Verlesen der Auflösung
- Bekanntgabe, wer richtig ermittelt hat
- und wenn es vorgesehen ist, Ziehung des Gewinners
- Verlesen des Schlusswortes

Häufig gestellten Fragen zur Durchführung:

Frage: Weiß der Mörder, dass er der Täter ist?
Antwort: Ja, dies steht ausdrücklich im Geheimtext seiner Rolle.

Frage: Dürfen die Gäste schummeln und flunkern?
Antwort: Nur der Mörder darf dies tun. Die anderen sollten sich nahe an der Wahrheit orientieren.

Frage. Ich habe mehr Gäste als Rollen. Was nun?
Antwort: Wir haben in der Geschichte sogenannte Gastrollen vorgesehen. Wenn es heißt: 7-10 Mitspieler, gibt es 7 größere Rollen und 3 kleinere Gastrollen. Die größeren Rollen müssen, die Gastrollen können besetzt werden.

Sollten Sie die doppelte Anzahl Gäste haben, können Sie an 2 Tischen gleichzeitig spielen. Bereiten Sie Rollen und Zubehör zweimal vor, lesen Sie die Geschichte zentral vor und ermitteln Sie danach an 2 Tischen. Sie werden sehen, dass auch dies reibungslos funktioniert. Vermutlich werden die Tische zu ganz unterschiedlichen Ergebnissen kommen; es kommt immer ganz darauf an, wie sich die einzelnen Mitspieler verhalten.

Frage: Müssen alle Gäste ungefähr gleich alt sein?
Antwort: Nein. Wir haben in unseren Testrunden mit Personen jeden Alters in gemischten Gruppen gespielt. Unsere Mitspieler waren von 16 bis 80 Jahre alt, und allen hat es großen Spaß bereitet!

Frage: Muss alles aus dem Vorstellungstext auch vorgetragen werden?
Antwort: Ja, der Text der Vorstellungsrunde ist so angelegt, dass er wichtige Informationen gibt, ohne die die Ermittlungen rasch langweilig werden.

Frage: Meine Frage war hier nicht aufgeführt; ich benötige Hilfe.
Antwort: Wenden Sie sich bitte an glashauskrimi@glashauskrimi.de und schreiben Sie der Autorin eine Mail. Sie wird Ihnen alle anstehenden Fragen zum Gelingen Ihrer privaten Krimiparty gerne beantworten.

Die Einladung

Wenn Sie Ihre Gäste schriftlich einladen wollen, können Sie z. B. diesen Text als Vorlage nutzen. Im Internet finden Sie eine vorbereitete Einladung, die Sie ausdrucken können.

Einladung zur Krimiparty

Tatort:______________________________

Die Ermittlungen beginnen

am _______

um ______Uhr.

Für das leibliche Wohl ist ebenso gesorgt, wie für spannende Unterhaltung, denn es gibt tatsächlich einen Mord aufzuklären. Klar, dass wir dabei deine/eure Unterstützung benötigen.

Falls ihr eine Lesebrille tragt, vergesst sie bitte nicht, denn Ihr erhaltet selbstverständlich Akteneinsicht.

Ich würde mich sehr freuen, wenn du/ ihr komm(s)t. Herzliche Grüße

Antwort bitte per Tel. ______________________

Rollenverteilung, Hinweise zur Durchführung:
Schatten der Vergangenheit!
Ein Kreuzfahrtkrimi für 7-10 Personen ca.

Sie finden in diesem Buch:

- Die Grundgeschichte zum Vorlesen
- inkl. Auflösung und ein humoriges Nachwort
- Rollentexte für 10 Personen
- Tischflyer für jeden Gast zum Ausdrucken
- Den Brief eines Fotolabors

Der Krimi ist für 7-10 Personen angelegt.

- Bei 10 Personen: mit einem Beobachter
- Bei 9 Personen: mit Jupp Kalunke
- Bei 8 Personen: ohne Jupp Kalunke. Tragen Sie aber bitte seinen Vorstellungstext vor. Die Hinweise von Jupp können von Henner mit ins Spiel gebracht werden; geben Sie Henner also beide Rollentexte.
- Bei 7 Personen: die Rolle von Beatrice wird auch nicht unbedingt benötigt. Lesen Sie aber bitte den Vorstellungstext von Beatrice vor und geben Sie Hannah dann beide Rollentexte.

Bitte lesen Sie die Vorstellungstexte in folgender Reihenfolge vor:
Henner – Beatrice– Carlos – Florian – Donna – Jörg – Hanna – Joanna – Jupp – Beobachter

Bereiten Sie pro Spieltisch einen Brief vom Labor vor.
Sie finden diesen nach den Rollentexten.
Diesen Brief vom Labor übergeben Sie Beatrice bitte während der Ermittlungsrunde.

Lesen Sie bitte nach der Auflösung auch das Schlusswort vor; es sorgt für einen runden Abschluss und viel Spaß bei allen Beteiligten.

Tischflyer Schatten der Vergangenheit
Ein Mitspielkrimi von Cornelia H.-Müller

Eine junge Frau geht kurz vor ihrem 5. Hochzeitstag trotz ruhiger See über Bord des Luxus-Kreuzliners Bavaria II, ein Toter taucht am Katharinenpalast in Puschkin angeblich wieder auf und ein Erbvertrag mit vielen Klauseln sorgt für Verwirrung bei den Hinterbliebenen!
Wird es euch gelingen, die Hintergründe zu durchleuchten und die Todesfälle aufzuklären?

Es spielen mit:

Crew:
Henner van Stappen - Kapitän der Bavaria II
Beatrice Petterson - Chefhostess
Florian Meier - Chefanimateur

Passagiere:
Jörg Sievers
Hannah Sievers
Carlos de la Santos
Joanna Schneider
Donna Dump

sowie evtl. an dem einen oder anderen Tisch:
Jupp Kalunke aus Berlin
neutraler Bobachter

Und hier noch ein Wort zu den Spielregeln:
Alle Mitspieler sollten sich nahe an der Wahrheit orientieren; schwindeln darf nur der Mörder!

Viel Vergnügen und einen Mordsspaß wünscht Ihnen

Cornelia Herbertz-Müller

Die Grundgeschichte zum Vortragen

Das ist passiert:
Strahlend weiß und blank geputzt lag das Kreuzfahrtschiff Bavaria II an diesem warmen Sommertag in Warnemünde im Hafen und wartete auf gut 2.000 Passagiere, die die 10-tägige Nord-Europa-Kreuzfahrtgebucht hatten.
Über 1.200 Passagierkabinen, 8 Bars und 5 Restaurants boten neben Live-Shows im Broadway-Stil, einem eigenen Kino, einem Spielcasino, einem Spa- und Fitnessbereich und 2 Außenpools wirklich alles, was diese Reise zu einem unvergesslichen Erlebnis machen sollte.
Die Tour führte von Warnemünde über Tallinn, St. Petersburg, Helsinki, Stockholm, Danzig und Mukran auf Rügen wieder zurück nach Warnemünde. Die Reederei hatte in jeder dieser Städte für eine große Auswahl an Ausflügen gesorgt.
Kapitän Henner van Stappen stand zufrieden im Außenbereich von Deck 9 und beobachtete einige Meter unter sich das Einschiffen der Passagiere, als Beatrice, die langjährige Chefhostess hier an Bord, neben ihn trat.
„Na, Beatrice", sagte van Stappen gutmütig. „Alles im grünen Bereich?"
„Ja, Henner, alles im grünen Bereich. Unsere Millionärin, Mrs. Donna Dump aus New York, ist auch bereits eingetroffen und hat die Senior-Suite bezogen. Sie ist, so schätze ich es ein, nicht halb so kompliziert wie von der Service-Crew befürchtet!"
Van Stappen nickte bedächtig.
„Ja, das hätte ich dir auch gleich sagen können. Ich kenne Donna schon, seit sie in Dinkelsbühl eine Ausbildung zur Frisörin gemacht hat. Sie war immer ein sehr bodenständiger Typ!"
Beatrice zog erstaunt die Augenbrauen zusammen.
„Du kennst sie? Woher denn?"
Van Stappen lächelte und sah auf seine Armbanduhr.
„Das ist eine ziemlich alte und vor allem sehr lange Geschichte. Ich werde gleich auf der Brücke gebraucht, sonst würde ich sie dir erzählen. Sonst irgendwelche Besonderheiten bei unseren Passagieren oder den Crew-Mitgliedern?"

„Nein. Oder doch: Der neue Animateur, Florian Meier, ist eben angekommen. Er macht einen sehr aufgeräumten Eindruck. “
„Fein“, antwortete van Stappen zufrieden. „Dann ist ja auch das Entertainment gesichert. Ich hoffe, er haut nicht im nächsten Hafen wieder ab oder tut sich hier unter den Passagieren eine Braut auf. Du weißt ja, dass manche der reisenden Damen auf durchtrainierte und gutaussehende Jungs aus dem Unterhaltungssektor stehen.“
Beatrice schüttelte den Kopf.
„Den Eindruck macht er nicht. Er hat in der Vergangenheit schon viele Jobs gemacht, um sich über Wasser zu halten und um sein Studium zu finanzieren. In seinen Papieren steht außerdem, dass seine Freundin Zwillinge erwartet und die junge Familie muss ja ernährt werden!“

Der nächste Tag war ein Seetag bei strahlendem Sonnenschein. Die Passagiere verteilten sich auf den Spa-Bereich, auf die Liegen an den Pools oder nahmen das eine oder andere Freizeitprogramm an Bord in Anspruch.
Hanna und Jörg Sievers waren gemeinsam mit Carlos und Iris de la Santos auf diese Reise gegangen. Die Ehepaare hatten zwei nebeneinander liegende Balkonkabinen auf Deck 8 bezogen.
Carlos hatte an diesem Tag keine Lust auf die üblichen Lokalitäten an Bord und lud seine Freunde am Abend ins Rossini, eines der Bezahlrestaurants an Bord, ein.
Er hatte bereits im Vorfeld reserviert; der Tisch war mit edlem Porzellan eingedeckt und mit roten Rosen geschmückt.
Hanna und Iris trugen beide schicke schwarze Cocktailkleider und auch die Herren machten in ihren Anzügen einen äußerst eleganten Eindruck.
„Heute Nacht müssen wir die Uhr vorstellen“, bemerkte Hanna beim Abendessen. „In Tallinn gehen die Uhren anders!“
Iris sah verwundert auf und nahm einen Schluck Champagner.
„Das wusste ich gar nicht. Und was machen wir in Tallinn?“
„Wir können einen der Hop-on, Hop-off-Busse nehmen und zunächst eine Rundfahrt machen. Dann haben wir schon einmal einen Überblick. Einverstanden?“

Carlos sah fragend in die Runde.
Jörg nickte zustimmend.
„Uns ist es egal, oder Hanna? Hauptsache, wir sehen was von der Stadt. Und ich möchte unbedingt ein Saku trinken, dieses berühmte Bier, das sie dort brauen."
Als die Frauen kurz darauf gemeinsam die Toiletten aufsuchten, beugte sich Jörg kurz zu Carlos vor.
„Hast du für Freitag schon was Besonderes geplant?"
Der Angesprochene lächelte verschmitzt und nickte.
„Natürlich. Es ist schließlich unser 5. Hochzeitstag und ein ganz besonderer dazu. Aber wem sag ich das – du kennst ja die Verträge!"
Jörg nickte zustimmend.
„Ja, und ich denke, dass Iris etwas wirklich ganz Besonderes zum Hochzeitstag von dir erwartet. Ich beneide dich nicht um diese Aufgabe. Mein Schwesterlein ist nur schwer zufriedenzustellen!"
An einem der Nachbartische saß die Amerikanerin Donna Dump vor ihrem 4. Whisky und wartete. Sie mochte keine Unpünktlichkeiten und sah ärgerlich auf die Uhr. Gerade, als sie beschloss das Restaurant wieder zu verlassen, kam er zur Türe herein und sah sich suchend um. Er sah immer noch so gut aus wie früher. Sein Haar war inzwischen allerdings schlohweiß, aber mit dem braunen Teint wirkte es, wie bei Männern meistens, einfach nur charmant. Die Uniform stand ihm zudem fantastisch und einige der Damen im Raum sahen ihm interessiert nach, als er jetzt zu ihr hinüberkam.
Dann stand er endlich vor ihrem Tisch und ergriff ihre Hand.
„Donna", sagte er leise und hauchte einen Kuss auf ihren Handrücken. „Wie schön, dich zu sehen. Du hast dich kaum verändert in den letzten 30 Jahren!"
Donna lächelte.
„Henner von Stappen, ganz der alte Charmeur. Aber bitte setze dich; ich habe einiges mit dir zu besprechen."

„Die Fläche von Estland beträgt 45.227 km² und es gehören neben dem Festland noch 1500 Inseln zum Territorium der Republik. Die Sprache ist Estnisch, dem Finnischen sehr ähnlich", erklärte Beatrice einer Gruppe von Urlaubern, die vor dem schiffseigenen Bus standen

und sich zu einer Tour in Begleitung der Chefhostess entschlossen hatten. „Alle anderen Fragen klären wir im Bus!"
Joanna Schneider, eine sehr attraktive junge Frau, bestieg den Bus als Letzte und suchte sich dann weiter hinten einen freien Platz am Fenster.
Beatrice war die junge Frau bereits gestern aufgefallen. Sie schien alleine zu reisen und dies war doch eher verwunderlich.
Nachdem der Bus abgefahren war und Beatrice den Passagieren noch einige Informationen über Tallinn gegeben hatte, ging sie nach hinten zu Joanna und nahm neben ihr Platz.
„Reisen Sie alleine?", fragte sie und sah die junge Frau freundlich an.
Diese blickte aus dem Fenster und schien kurz zu überlegen.
„Jein", antwortete sie dann und bereute ihr Wort fast im gleichen Moment. Andererseits fühlte sie sich hier auf dem Schiff recht verloren und sie fragte sich schon seit der Anreise, warum sie sich überhaupt auf einen solchen Deal eingelassen hatte.
Beatrice sagte eine Weile nichts; die junge Frau schien in Gedanken zu sein.
„Sie wollen nicht darüber sprechen?"
Joanna schien unentschlossen. Dann bemerkte sie sehr leise: „Sagen wir eher, ich soll nicht drüber sprechen!"
„Oh, das klingt, sagen wir, geheimnisvoll. Sollten Sie Gesellschaft brauchen oder ich etwas für sie tun können, lassen Sie es mich aber wissen, einverstanden?"
Joanna nickte und sah Beatrice dankbar an.
„Vielleicht komme ich tatsächlich darauf zurück!"
In der Reihe hinter Joanna beugte sich Jupp Kalunke, ein Reisender aus Berlin, der das Gespräch offenbar mitgehört hatte, zu der jungen Frau vor.
„Meine Frau Gerda und ich sind auch gerne bereit, gemeinsam was mit Ihnen zu unternehmen. Wenn Sie sich also einsam fühlen, melden Sie sich bitte in Kabine 4657."
Der nächste Tag war erneut ein Seetag.
Viele der Passagiere nutzten das gute Wetter, hielten sich an Deck auf oder beobachteten die Proben des Entertainment-Teams, welches auf der Bühne am Pool für die Abendshow probte.

„Haben Sie meinen Mann gesehen?“, fragte Iris de la Santos jetzt aufgeregt und sah den Chefanimateur Florian Meier fragend an. „Ich suche ihn schon seit einer Stunde.“
Florian unterbrach die Probe zur Abendshow nur sehr ungern. Andererseits war die Vorgabe der Reederei absolute Freundlichkeit den Passagieren gegenüber. „Ist er mal wieder verloren gegangen?“, fragte er geduldig.
Iris nickte verärgert.
„Ja, er ist wieder mal verloren gegangen. Ich habe schon überall nach ihm gesehen!“
Florian überlegte kurz, bevor er antwortete. Er konnte sich sehr gut vorstellen, dass Carlos de la Santos ab und zu das Weite suchte. Iris war offenbar eine sehr anstrengende Ehefrau, die ständig redete und offensichtlich ein großes Bedürfnis nach Aufmerksamkeit hatte. In den letzten Tagen hatte sie ihren Mann bereits mehrfach gesucht und fast die gesamte Crew dabei in Anspruch genommen. Natürlich war der Spanier jedes Mal wieder wohl behalten aufgetaucht. Im Personaltrakt machte man schon Witze über Iris´ Verfolgungswahn.
„Vielleicht ist er im Spa-Bereich?“, versuchte es der Animateur. „Haben Sie dort schon nachgesehen?“
Iris schüttelte den Kopf.
„Nein, aber angerufen. Er ist weder im Spa, noch im Fitnessbereich. Die Bars habe ich auch alle durch, im Kino läuft noch nichts, an Deck ist er auch nicht. Er kann sich doch nicht in Luft aufgelöst haben, oder?“
Florian lächelte.
„Warum nehmen Sie nicht einen Drink und legen sich an den Pool? Es ist doch herrliches Wetter und ich wette, Ihr Mann ist in Kürze zurück!“
Iris schüttelte trotzig den Kopf.
„Nein, ich will mich nicht an den Pool legen. Ich will wissen, wo mein Mann ist!“
Mit diesen Worten ließ sie Florian stehen und machte sich erneut auf die Suche ...

Zwei Tage später stand St. Petersburg auf dem Programm. Entgegen

der unkomplizierten Einreise nach Tallinn herrschte hier ein strenges Reglement. Vor dem Schiff standen am Hafen 6 Zollbaracken zur Überprüfung eines jeden einzelnen Reisenden; allerdings hatten nur 3 Schalter geöffnet und gut 2.000 Passagiere wollten das Schiff verlassen. Der Stau reichte lange ins Schiffsinnere hinein.
Kapitän van Stappen hatten am Vorabend alle Passiere auf dieses Procedere hingewiesen und um Geduld gebeten.
„Beschweren Sie sich bitte nicht“, hatte er über einen Schiffslautsprecher verkündet. „Bei Beschwerden machen uns die Russen sonst glatt einen Schalter dicht und es dauert noch länger!“

Auch die Eheleute de la Santos und Sievers, Joanna Schneider, der Animateur Florian Meier, Gerda und Jupp Kalunke und die Chefhostess Beatrice Schneider reihten sich geduldig vor einer der Baracken im Nieselregen auf und harrten der Dinge, die da kamen.
Nach den Kontrollen wurden die Passagiere auf die Busse verteilt und zu den gebuchten Attraktionen gefahren.
Die Eheleute de la Santos und Sievers hatten eine Besichtigung des Jussupows-Palastes gebucht; hier war vor vielen Jahren der berühmte Heiler Rasputin im Keller des Hauses ermordet worden. Eine russische Reiseleiterin namens Irinia erzählte die Geschichte von damals in dramatischen Worten.
Nach diesem Ausflug fuhr man weiter nach Puschkin zum Katharinenpalast, um das Bernsteinzimmer und die legendären Gartenanlagen zu besichtigen.
Vor dem großen Palast standen, ebenfalls erneut in langen Reihen, mehrere Hundert Personen im Regen und warteten darauf, hineingelassen zu werden.
Iris war sehr ungeduldig und das Wetter tat ein übriges, um ihre Laune auf den Nullpunkt sinken zu lassen.
„Kannst du nicht was machen, damit es schneller geht?“, fuhr sie ihren Mann an, der gerade mit Jörg über die großartige Architektur des Schlosses sprach.
„Sorry, Iris, aber wir werden, wie alle anderen auch, warten müssen!“, antwortete Carlos ungehalten.
„Das sehe ich nicht ein,“ erklärte Iris und scherte aus der Gruppe

aus. Mit wenigen Schritten war sie bei der russischen Reiseleiterin, flüsterte dieser etwas ins Ohr und ging dann an deren Seite an der langen Reihe der Wartenden vorbei, bis zum Eingang des Schlosses.
Dort verschwand sie aus dem Blickfeld ihrer Mitreisenden.
Sprachlos blieben Hanna, Jörg und Carlos zurück.
„Wie hat sie das denn jetzt bitte hinbekommen?“, fragte Hanna erstaunt.
Carlos zuckte mit den Schultern.
„Typisch Iris, sie kriegt immer, was sie will!“

Die Millionärin Donna Dump war nicht mit an Land gegangen. Russland war ihr suspekt und ein Land, in dem man sich als Reisender ohne Einzelvisum nicht frei bewegen konnte, bereitete ihr Unbehagen. Außerdem war sie verabredet.
Henner van Stappen erwartete sie auf der Brücke, um das Gespräch aus dem Restaurant Rossini fortzusetzen. Es war so ungeheuerlich, was er von ihr erfahren hatte, dass er an dem Abend im Rossini vorzeitig das Dinner verlassen hatte. Die Neuigkeiten, die Donna ihm da einfach so ohne Umschweife offenbart hatte, hatten sogar einen so gestandenen Mann wie van Stappen sprachlos gemacht.
Am Morgen hatte er Donna Blumen in die Suite geschickt und um ein erneutes Treffen gebeten. Dies war ein gutes Zeichen und Donna hoffte sehr, dass Henner ihr verzeihen würde.

„Kannst du mir mal sagen, wo du gewesen bist?“, herrschte Carlos zur Abwechslung einmal seine Frau Iris an, die vor wenigen Minuten mit einem privaten Fahrservice vom Russlandausflug wieder zurück an Bord gekommen war und so, als sei nichts gewesen, wieder in der Außenkabine auftauchte. „Wir sind fast verrückt geworden vor Sorge! Und, falls es dich interessiert: Das Schiff hätte in wenigen Minuten ohne dich abgelegt. Der Kapitän hat keinen Irrtum aufkommen lassen; es wird grundsätzlich nicht auf abgängige Passagiere gewartet. Auch nicht in Russland.“
Iris zog die Schuhe aus und ließ sich aufs Bett fallen.
„Das glaubst du doch selbst nicht!“, konterte sie lachend. „Als ob der einfach ohne mich abfahren würde! Aber bevor du dich jetzt auf-

regst: Ich hatte sehr gute Gründe für mein Handeln."
Carlos lachte bitter auf.
„Da bin ich aber gespannt, welche sensationelle Begründung du abliefern wirst! Also los, ich höre!"
Iris stand auf und stellte sich mit vor Aufregung rot gefärbten Wangen vor ihren Mann.
„Du ahnst nicht", wisperte sie mit einem geheimnisvollen Unterton, „du ahnst nicht, wen ich gesehen habe!"
Carlos zuckte mit den Schultern und sah Iris mürrisch an.
„Jetzt mach es nicht so spannend, Iris. Wir sind alle ziemlich sauer auf dich und wenn du nicht sofort erklärst, warum du uns allen den Ausflug versaut hast, dann ..."
„Dann?", äffte Iris ihren Mann nach. „Was dann? Aber gut, bevor du dich hier weiter aufspielst, will ich dich nicht länger auf die Folter spannen. Du wirst mich gleich verstehen, denn ich konnte ihn natürlich nicht aus den Augen lassen, bevor ich ein paar Fotos von ihm gemacht habe!"
„Von wem sprichst du, Iris? Du bist in diesem Katharinenpalast verschwunden und danach haben wir dich nicht mehr wiedergesehen! Wir haben überall nach dir gesucht!"
„Ja, ich weiß! Aber das war doch nur wegen ihm. Er war mit einer Reisegruppe von einem anderen Schiff da. Und wenn ich ihn nicht verfolgt hätte, könnte ich es nie beweisen! Versteh doch!"
Carlos schüttelte genervt den Kopf.
„Ein letztes Mal, Iris, von wem sprichst du?"
„Ich weiß, du wirst mir nicht glauben, deshalb habe ich ja auch die Bilder gemacht. Aber glaube mir, er war es. Und er hat mich auch erkannt, das habe ich an seinen Augen gesehen, als ich ihn angesprochen habe."
„Verdammt, Iris, jetzt sag mir endlich, wen du meinst."
Iris holte tief Luft und sah ihren Mann beinahe feierlich an.
„Ich spreche", sagte sie und atmete noch einmal tief durch ..., „ich spreche von Thomas Bongers!"
Einen Moment war es beinahe totenstill in der Kabine.
Carlos starrte seine Frau fassungslos an; dann schüttelte er den Kopf, ging ein paar Schritte rückwärts und setzte sich auf das Doppelbett.

Es dauerte eine Weile, bis er antworten konnte. „Du hast doch wirklich eine Meise! Mehr fällt mir dazu wirklich nicht ein.“
Iris lächelte überlegen und schwenkte ihre Kamera durch die Luft. „Du wirst schon noch sehen. Ich habe Thomas fotografiert und werde die Bilder gleich noch zum Entwickeln bringen! Und dann werdet ihr Augen machen! Vor allem die arme Hanna. Sie denkt doch jetzt schon 8 lange Jahre, dass ihr erster Mann Thomas tot ist! “

Hier können Sie unterbrechen und bei Bedarf den Hauptgang servieren. Danach geht es mit diesem Text weiter:

Hanna starrte fassungslos auf die Handy-Nachricht, die Iris ihr soeben geschickt hatte.
„Was ist denn los?“, fragte Jörg besorgt und ging hinüber zu seiner Frau, die nun leichenblass wurde und den Eindruck machte, als würde sie jeden Moment umfallen.
Tonlos reichte Hanna ihm das Telefon.
„Habe Thomas im Katharinenpalast gesehen. Er lebt“, las Jörg laut vor. Dann sah er auf und lachte bitter auf. „Das soll wohl ein Witz sein, oder?“
Hanna sah hinaus auf das Meer und zitterte am ganzen Körper.
„Ich habe ihn nie tot gesehen, das weißt du“, murmelte sie leise mit brüchiger Stimme.
Jörg trat zu seiner Frau und nahm sie feste in den Arm.
„Du konntest ihn dir nicht mehr ansehen. Thomas war bis zur Unkenntlichkeit verbrannt!“
Hanna nickte traurig.
„Ja, und deshalb fehlt mir schon die ganzen Jahre die letzte Gewissheit! Ich habe nie gefühlt, dass er tot ist; dieser Zweifel war immer vorhanden. Auch, wenn der Verstand und die Untersuchungen etwas anderes sagten.“
„Verdammte Hexe Iris!“, fluchte Jörg laut. „Warum macht sie so was? Sie muss doch wissen, was sie dir damit antut! Der werde ich was erzählen!“

Am nächsten Tag steuerte die Bavaria II Stockholm an. Florian Meier war schon wieder früh auf den Beinen; die große ABBA -Show war für den Abend geplant und eine der Tänzerinnen hatte sich am Abend krankgemeldet. Die Zweitbesetzung musste ein Sondertraining einlegen, die Requisiten noch einmal gecheckt und die Musikanlage überprüft werden. Außerdem war es seine Aufgabe, die Ausflüge für den Tag in Schweden zu organisieren. Irgendwie hatte der Tag kaum genug Stunden, um all diesen Aufgaben gerecht zu werden.

Kapitän van Stappen war auch schon früh auf den Beinen und grüßte freundlich zu Florian hinüber, als dieser sich mit einem Brötchen und einer Tasse Kaffee an einen der Tische im Personaltrakt setzte.
„Guten Morgen, Florian, kommen Sie doch ruhig zu mir an den Tisch!“, grüßte der Käptn.
Dieser ließ sich nicht lange bitten und zog mit seinem Frühstück um.
„Sie machen einen guten Job, das hat Beatrice mir erzählt!“, sagte van Stappen und nahm einen Schluck Kaffee.
„Danke, Herr Kapitän!“, antwortete Florian. „Ich gebe mir Mühe!“
„Was haben Sie denn noch so vor im Leben? Animationen wird ja nicht Ihr Lebensziel sein, oder?“
Florian schüttelte den Kopf.
„Nein, das mache ich nur in den Semesterferien! Ich studiere Musik und Tanz und arbeite in den Ferien immer in Clubs oder auf Schiffen!“
Van Stappen schien interessiert. „Musik und Tanz! Kann man denn davon leben und eine Familie ernähren?“
Florian lachte kurz auf.
„Sie hören sich an wie mein leidgeprüfter Vater! Der macht sich auch immer so viele Sorgen um meine Zukunft.“ Dann sah er auf die Uhr. „Entschuldigen Sie bitte, die Pflicht ruft!“
„Nur zu, nur zu!“, sagte van Stappen und sah wohlwollend lächelnd hinter dem jungen Mann her.

„Meine Frau ist weg!“
Carlos de la Sanos schien aufgeregt, als er zu früher Stunde mit sorgenvollem Blick in Beatrices Büro erschien.

„Was meinen Sie mit weg?“
Die Chefhostess stand von ihrem Schreibtisch auf und ging einen Schritt auf den Passagier zu.
„Sie ist heute Nacht nicht in die Kabine gekommen. Leider habe ich es erst heute Morgen bemerkt. Ich habe mal wieder sehr tief geschlafen! Ich habe sie überall gesucht, sie ist einfach weg!“
Auf Beatrices Stirn bildete sich eine Sorgenfalte.
Es kam immer wieder vor, dass Passagiere von Kreuzfahrtschiffen spurlos auf einer Reise verschwanden.
„Ich nehme Ihre Sorge sehr ernst! Wir werden Ihre Frau sofort über den Bordlautsprecher ausrufen. Vielleicht hat sie einfach woanders übernachtet und taucht gleich wieder auf!“
Carlos sah die Chefstewardess unwirsch an.
„Sie meinen, sie hat bei einem anderen Kerl geschlafen?“
Beatrice schüttelte den Kopf und lächelte.
„Aber nein. Sie kann hier an Bord an allen möglichen Stellen geschlafen haben. Ausschließen würde ich zunächst einmal gar nichts. Ich werde mit dem Kapitän sprechen und alles in die Wege leiten! Am besten, Sie gehen jetzt frühstücken und bewahren Ruhe! Ich informieren Sie, sobald ich etwas höre, einverstanden?“

Iris de la Santos blieb verschwunden.
Am späten Abend später zog ein skandinavischer Frachter ihre Leiche aus dem Meer. Es stellte sich schnell heraus, dass die junge Frau ertrunken war. Vermutlich war sie in der Nacht ihres Verschwindens irgendwo über Bord gegangen. Aber was war passiert?
Das heraus zu finden, wird nun Ihre Aufgabe sein.

Henner van Stappen, Kapitän der Bavaria II
Aussage

Ja, meine lieben Passagiere, es ist eine Tatsache, dass Jahr für Jahr weltweit viele Menschen auf hoher See verschwinden. Und das nicht, wie Sie jetzt vielleicht denken, auf irgendwelchen kleinen Kähnen oder Nussschalen. Nein, bei Kreuzfahrten oder bei Überfahrten per Fähre passiert das sogar relativ häufig.

Suizid, Unfall oder Verbrechen ... Das bleibt oft ungeklärt. Denn wir haben bei den Kreuzfahrtschiffen zwar schwimmende Kleinstädte, aber keine Polizei an Bord. In der Kreuzfahrtindustrie besteht außerdem ohnehin ein Verantwortlichkeitsproblem. Sobald man an Bord geht, befindet man sich auf ausländischem Boden und man ist der Polizei des Landes ausgeliefert, in dem das Schiff registriert ist.
Nun ist das hier auf der Bavaria II so, dass wir unter deutscher Flagge fahren, das ist sicher für Sie alle beruhigend. Sollte hier jemand schuldig sein, wird er sich also keinesfalls in einem fremdländischen Gefängnis wiederfinden, sondern ordnungsgemäß die deutschen Behörden übergeben. Aber so weit sind wir ja auch noch nicht, denn wie diese junge Frau zu Tode kam, das kann man schwer sagen. Eines aber weiß ich sicher: Unsere Reling ist überall so hoch, dass man sich schon sehr anstrengen muss, einfach darüber zu fallen. Die See war zudem, wie so oft in dieser Region, sehr ruhig. Ich bin geneigt, einen Unfall auszuschließen. Und Suizid? Den Eindruck machte sie so gar nicht, oder? Leider haben wir wegen der Privatsphäre ja keine Kameras an Deck, sonst könnte man jetzt einfach mal gucken, was passiert ist. Tja ...

Und Ihnen, Herr Carlos, natürlich mein Beileid! Wenn Sie was brauchen, wenden Sie sich bitte an unsere Chefhostess, die Beatrice. Sie wird sich um alles kümmern.

Hinweise Henner van Stappen

Weitere Informationen für dich! Du darfst von all diesem Wissen in der Ermittlungsrunde Gebrauch machen! Wenn du etwas gefragt wirst, solltest du die Wahrheit sagen, denn du bist nicht der Täter und hast nichts zu befürchten.

Persönliches:
Du warst in jungen Jahren mit der Chefhostess Beatrice verheiratet, aber das ging nicht gut. Beatrice war seltsam verschlossen; du hattest immer das Gefühl, sie hat ein Geheimnis, welches sie nicht offenbart. Nach einigen Jahren habt ihr euch scheiden lassen und heute seid ihr beste Freunde.
Seit Start dieser Reise macht Beatrice wieder so einen seltsamen Eindruck auf dich. Irgendwas stimmt nicht mit ihr.
Frag sie doch einmal, was sie bedrückt.

Die amerikanische Millionärin Donna Dump war vor 28 Jahren für einen Sommer deine Freundin. Dann haben sich eure Wege getrennt; Donna ging zu einer Modefirma in die USA und du bekamst dein Kapitänspatent. Vor kurzem dann nahm sie plötzlich Kontakt zu dir auf und buchte diese Reise.
Sie offenbarte dir beim Dinner:
Sie war damals schwanger von dir und bekam ein Kind. Dieses Kind hat sie gleich nach der Geburt zur Adoption freigegeben. Sie machte Karriere und heiratete schließlich den Millionär Chester Dump. Die Ehe blieb kinderlos. Nach dem Tod von Chester hat Donna euer gemeinsames Kind gesucht und gefunden: Es ist der Animateur Florian Meier.
Donna möchte Florian auf dieser Reise die Wahrheit über seine Herkunft sagen. **Bringt es dem jungen Mann schonend bei und lass Donna dabei den Vortritt. Sie muss entscheiden, wann der richtige Moment gekommen ist.**

Nun zu unserem Fall:
Eines kannst du ausschließen: Ein Außenstehender kann unmöglich hier an Bord gekommen sein, um die junge Frau zu töten. Das Schiff

gleicht einem Hochsicherheitstrakt. Das Procedere, wenn man von Bord geht oder zurück an Bord möchte, ist streng. Da kann sich niemand reinmogeln, das ist ausgeschlossen. **Berichte den anderen davon.**

Der Schiffsarzt hat dich eben darüber informiert, dass Carlos de la Santos gestern bei ihm war. Er hat ihn gebeten, eine Blutanalyse zu machen. Dies ist hier an Bord nicht möglich. Auf Nachfrage hat Carlos ihm gesagt, er habe den Verdacht, dass ihm jemand Schlafsubstanzen verabreicht habe. Wie kommt Carlos darauf? **Frage ihn danach.**

Du hast über die Reederei die Polizei über den Todesfall informiert. Man gab dir die Anweisung, die Kabine der Eheleute de la Santos zu verschließen. **Sage Carlos bitte,** dass er nicht mehr zurück in die Kabine gehen kann. Er bekommt eine Ersatzkabine; seine persönlichen Dinge wurden bereits umgeräumt.

Das Packen der persönlichen Dinge von Carlos hat der Schiffsarzt überwacht. Er hat bei dieser Gelegenheit auch Iris´ Kosmetikartikel durchgesehen und dabei ein kleines Fläschchen K.-o.-Tropfen gefunden.
Es ist also möglich, dass Iris ihren Mann damit außer Gefecht gesetzt hat. **Berichte den anderen davon.**

In der Tatnacht hattest du Dienst auf der Brücke. Deine Offiziere können dies sicher bestätigen. Dies sollte dir als Alibi reichen.

Nach den Ermittlungen schreibt jeder auf, wen er für den Täter/in hält und nach dem Dessert lösen wir den Fall gemeinsam auf.

Donna Dump
Aussage

Mein Name ist Donna Dump, ich bin Amerikanerin mit deutschen Wurzeln und kenne Henner van Stappen aus ganz jungen Jahren. Ich gebe gerne zu, dass ich diese Reise angetreten habe, um ihn wiederzusehen und um eine andere, für mich wichtige Person, kennenzulernen. Wer das ist, dazu kommen wir sicher später noch.
Dieser Todesfall ist natürlich eine schlimme Sache
Ich habe die junge Frau, die da jetzt verstorben ist, an diesem Abend noch in der Bar gesehen. Sie saß alleine an einem Tisch und trank etwas. Das war so gegen 20:00 Uhr. Wir haben kurz geplaudert, dann habe ich mich zurückgezogen.

Hinweise Donner Dump

Weitere Informationen für dich! Du darfst von all diesem Wissen in der Ermittlungsrunde Gebrauch machen! Wenn du etwas gefragt wirst, solltest du die Wahrheit sagen, denn du bist nicht der Täter und hast nichts zu befürchten.

Kapitän Henner van Stappen war vor 28 Jahren für einen Sommer dein Freund. Dann haben sich eure Wege getrennt. Du bist zu einer Modefirma in die USA gegangen und Henner bekam sein Kapitänspatent und reiste um die Welt. Allerdings warst du damals schwanger von Henner und bekamst ein Kind. Dieses Kind hast du gleich nach der Geburt zur Adoption freigegeben. Henner wusste von alledem nichts. Du hast es ihm gestern Abend beim Dinner erzählt.

Du hast in den USA Karriere gemacht und schließlich den Textil-Millionär Chester Dump geheiratet. Die Ehe blieb kinderlos. Nach dem Tod von Chester hast du euer Kind gesucht und gefunden: Es ist der Animateur Florian Meier.
Du hast durch Verbindungen dafür gesorgt, dass er hier auf dem Schiff eine Stelle für die Semesterferien bekommt.
Florian ist völlig ahnungslos. Er wurde damals adoptiert und ist glücklich aufgewachsen. **Du wirst Florian gleich die Wahrheit über seine Herkunft sagen und ihm auch seinen Vater vorstellen**.
Florian soll mit dir in die Staaten kommen und sich in eurer Mode-Firma einarbeiten. Wenn alles gut geht, würdest du ihn gerne rückadoptieren und ihn als deinen Haupterben einsetzen. Du hast sonst niemanden.

Iris de la Santos hat dich vor 2 Tagen am Pool einmal angesprochen und nach sinnvollen Geldanlagen gefragt. Sie meinte, nach ihrer Heimreise müsse sie sich dringend einen Vermögensverwalter suchen. Du hast vorsichtig nachgefragt, um welche Summe es geht. Zu deiner Überraschung erklärte Iris dir dann, sie habe bald 3 Millionen Euro anzulegen. Woher das Geld stammt, hast du nicht gefragt, dazu bist du zu diskret. Vielleicht hat sie dich aber auch beschwindelt? Sie neigte ja dazu, Aufmerksamkeit zu produzieren. Und warum kümmern sich nicht ihr Bruder Jörg oder ihr Mann Carlos um die Geldanlagen? **Frage danach.**

Außerdem:
Du warst gestern im Fotoladen an Bord und hast beobachtet, dass Jörg Sievers einen normalen Film für einen Fotoapparat gekauft hat. Was wollte er damit? Hat er keine Digitalkamera?
Frag ihn danach.

Du hast in der Tatnacht in deiner Suite geschlafen. Ein Alibi hast du daher nicht.

Nach den Ermittlungen schreibt jeder auf, wen er für den Täter/in hält und nach dem Dessert lösen wir den Fall gemeinsam auf.

Hanna Sievers
Aussage

Ich bin in zweiter Ehe mit Jörg verheiratet. Mein erster Mann, Thomas Bongers, kam vor acht Jahren bei einem Autounfall ums Leben. Er ist damals bis zur Unkenntlichkeit verbrannt, konnte aber durch einen Zahnabdruck einwandfrei identifiziert werden. Wir haben Thomas dann einäschern lassen und auf See bestattet; das war sein Wunsch.

Meine Schwägerin Iris hat mich mit der Behauptung, sie habe Thomas im Katharinenpalast in Puschkin gesehen, komplett aus der Bahn geworfen. Ich weiß, sie neigt dazu, Geschichten zu erfinden, um sich interessant zu machen. So war sie immer schon! Andererseits war sie überzeugend und sie kannte Thomas ja auch gut.

Iris hat behauptet, sie habe Fotos von Thomas gemacht und nach dem Entwickeln würde ich sehen, dass sie recht hat. Sie hatte ja tatsächlich immer noch so einen antiquierten Fotoapparat mit Filmen, die man entwickeln lassen muss. Fotografie war ihr Hobby, sie hatte zu Hause sogar eine Dunkelkammer ... Wo ist der Film jetzt? Ich möchte diese Bilder unbedingt sehen, um Gewissheit zu bekommen.

Gestern Abend bin ich mit Jörg noch einmal im Rossini essen gewesen, wir waren da bis ungefähr 21:40 Uhr.

Iris habe ich danach, auf dem Weg in eine der Bars, dann noch einmal gesehen. Sie stand in der Ladenpassage vor einem Juweliergeschäft und hat sich die Auslage angesehen. Carlos war nicht bei ihr. Jörg und ich sind dann noch auf einen Drink in eine Bar und später ins Bett.

Hinweise Hanna

Weitere Informationen für dich! Du darfst von all diesem Wissen in der Ermittlungsrunde Gebrauch machen! Wenn du etwas gefragt wirst, solltest du die Wahrheit sagen, denn du bist nicht der Täter und hast nichts zu befürchten.

Zur Vergangenheit:
Die ganzen Jahre hattest du immer das Gefühl, Thomas sei noch am Leben. Sicher lag dies daran, dass du ihn nach seinem Tod nicht mehr sehen durftest. Jörg, dein jetziger Mann, ist Zahnarzt und Thomas war sein Patient. Jörg hat der Polizei damals die Röntgenbilder zum Abgleich zur Verfügung gestellt und Thomas wurde dadurch einwandfrei identifiziert.
Aus einer Lebensversicherung hast du damals 500.000 Euro bekommen. Damit hast du Thomas´ Schulden abbezahlt; es stand schlimm um seine Firma und um euer privates Vermögen. Das Ausmaß ist dir erst nach seinem Tod klargeworden. Die Staatsanwaltschaft ermittelte ebenfalls gegen Thomas wegen Veruntreuung von Firmengeldern. Durch die Lebensversicherung warst du die Schulden los und konntest ein neues Leben beginnen.
Mit Iris und Carlos ward ihr schon lange befreundet; sie kannten Thomas ebenfalls gut und haben sich gefreut, als du später mit Jörg zusammenkamst.

Die Mutter von Iris und Jörg ist vor 2 Jahren verstorben und hat ihren Kindern ein erhebliches Vermögen hinterlassen. Es gibt einen Erbvertrag, da Iris immer sehr sprunghaft und geschäftsuntüchtig war und die Mutter Carlos nicht über den Weg traute. Du kümmerst dich nie um solche Dinge und weißt daher auch nicht, was in dem Vertrag steht.
Frage also genau nach, was die Mutter verfügt hat.

Carlos hat Iris schon häufig betrogen und sie hat ihm immer verziehen. Darüber wunderst du dich schon lange. Jetzt aber schien sie genug zu haben. Sie sagte dir vor Antritt der Reise, dass sie ihn endgültig verlassen würde, wenn er sie noch ein einziges Mal betrügt. **Erzähle den anderen davon.**

Du hast Carlos vorgestern in einem der Damenbekleidungsgeschäfte in der Ladenstraße des Schiffes gesehen. Iris war nicht dabei, aber diese junge und hübsche Joanna Schneider war auch in diesem Laden. Du hattest irgendwie das Gefühl, dass die beiden sich kennen. **Frage Carlos / Joanna danach.**

Und noch eine Information: Dein Mann Jörg behandelt schon viele Jahre zweimal pro Monat kostenlos Obdachlose. Er sieht dies als Beitrag an die Gesellschaft und du bist sehr stolz darauf.
Erzähle den anderen auch davon.

Dein Alibi für die letzte Nacht: Du warst lückenlos mit Jörg zusammen.

Nach den Ermittlungen schreibt jeder auf, wen er für den Täter/in hält und nach dem Dessert lösen wir den Fall gemeinsam auf.

Jörg Sievers
Aussage

Scheußliche Sache das alles! Iris war meine jüngere Schwester, allerdings stammen wir von 2 verschiedenen Vätern ab und sind getrennt voneinander aufgewachsen. Wir standen uns nie sehr nahe. Ehrlich gesagt war Iris eine ziemlich anstrengende und verzogene junge Frau.
Seit dem Tod unserer gemeinsamen Mutter sind wir uns dann wieder etwas nähergekommen und diese Reise sollte ein Versuch sein, die Familienbande zu stärken. Außerdem wollten Iris und Carlos ja ihren 5. Hochzeitstag feiern und das war ein ganz besonderes Datum für die zwei.
Thomas Bongers war ein guter Freund von mir. Es besteht überhaupt kein Zweifel daran, dass er tot ist. Ich habe mich furchtbar über Iris aufgeregt, als sie nach dem Besuch im Katharinenpalast mit dieser irren Geschichte anrückte und Hanna total verunsichert hat. Keine Ahnung warum Iris immer so was erfinden musste, um im Mittelpunkt zu stehen. Vielleicht wollte sie auch auf diese Weise mehr Aufmerksamkeit von Carlos; der guckt ja gerne auch mal nach anderen Frauen! Ja, ... jetzt tu nicht so ... Du bist ein spanisches Leckermäulchen, mein lieber Freund!
Wir hatten nach dem Trubel gestern jedenfalls keine Lust, am Abend was mit Iris zu unternehmen. Sie hörte ja nicht auf mit ihrer Behauptung, Thomas **auf jeden Fall** erkannt zu haben. Sie behauptete sogar, mit ihm gesprochen zu haben und er hätte dann das Weite in den Gärten des Katharinenpalastes gesucht. Angeblich ist sie stundenlang durch den riesigen Garten des Palastes geirrt, um ihn vor die Linse zu bekommen. Das passte zu Iris. Dass wir, nach ihrem Verschwinden aus der Warteschlange, nach ihr suchen und uns Sorgen machen, das war ihr völlig schnuppe. Wir waren alle ziemlich sauer auf sie! Ich bin jetzt wirklich auf die Bilder gespannt!
Iris hat den Film ja zum Entwickeln ins Labor des Schiffes gegeben; heute soll er fertig sein und dann sehen wir ja, wen Iris da fotografiert hat. Thomas kann es jedenfalls nicht gewesen sein.

Hinweise Jörg

Weitere Informationen für dich! Du darfst von all diesem Wissen in der Ermittlungsrunde Gebrauch machen! Wenn du etwas gefragt wirst, solltest du die Wahrheit sagen, denn du bist nicht der Täter und hast nichts zu befürchten.

Thomas Bongers lebt, dies ist für dich keine Neuigkeit. Nach einer Kneipentour habt ihr beide im Winter vor Jahren auf einer Parkbank einen Obdachlosen erfroren aufgefunden. Du kanntest den Mann; er hatte im Vorfeld einmal deine Praxis aufgesucht, denn zweimal im Monat behandelst du Menschen ohne Krankenversicherung ohne Berechnung. Thomas kam in der Nacht spontan auf die Idee, mit diesem Toten all seine Probleme zu lösen. Er war so hoch verschuldet, dass er keinen Ausweg mehr gesehen hat und sogar an Selbstmord dachte. Ihr beide habt mit dem Toten der Parkbank den Autounfall mit Thomas Wagen inszeniert. Da du auch Thomas´ Zahnarzt warst, hast du der Polizei später zur Identifizierung die entsprechenden (falschen) Röntgenbilder zur Verfügung gestellt. Hanna bekam eine große Summe aus der Unfall- und aus der Lebensversicherung und konnte damit die Schulden ablösen. Natürlich hat sie bis heute nicht erfahren, dass Thomas noch lebt; ihr habt all dies ohne ihr Wissen durchgezogen. Es war vereinbart, dass Thomas das Land mit den Papieren des Obdachlosen verlässt und nie mehr wiederkommt. Du hast seitdem nichts mehr von ihm gehört, dich später in Hanna verliebt und ihr führt eine glückliche Ehe. **Du bleibst konsequent dabei, dass Thomas tot ist und damals der richtige Mann identifiziert wurde. Es kann nichts anderes bewiesen werden.**

Iris wollte nun aber den Film ins Labor bringen; dies konntest du nicht zulassen. Am Nachmittag war Iris mit ihrer Handtasche im Spa-Bereich. Du hast einen Film in einem der Läden an Bord gekauft, bist damit in den Spa-Bereich und hast gewartet, bis Iris kurz ihren Platz verließ. Den Moment hast du genutzt, den Fotoapparat aus ihrer Tasche zu entwenden und die Filme zu tauschen. Den Film von Iris hast du im Meer entsorgt.

Vor 2 Jahren ist eure Mutter gestorben. Sie hat dir und Iris je 3 Millionen Euro hinterlassen. Da Iris aber unzuverlässig und sprunghaft

war, hat sie verfügt, dass Iris Vermögen zunächst von dir verwaltet wird.
Sinngemäß heißt es im Nachlass:
Iris und Jörg erben je 3 Millionen Euro. Der Anteil von Iris wird zunächst von Jörg verwaltet, sie hat keinen Zugriff auf die Summe.
Wenn Iris 5 Jahre mit dem gleichen Mann verheiratet ist, erhält sie vollen Zugriff; Jörg ist dann der Aufgabe als Vermögensverwalter enthoben. (In der Folge wäre Carlos nach Iris´ Tod der Alleinerbe geworden.)
Stirbt Iris vor Ablauf der 5 Jahre, erhält der Ehemann (Carlos) 2% der Summe = 60.000,00 Euro. Der Rest fällt zurück an die Familie, also an dich.
Wenn die Ehe vor Ablauf der 5 Jahre scheitert, verlängert sich die Vermögensveraltung durch Jörg um weitere 5 Jahre.
Das heißt im Klartext: Wenn Iris und Carlos sich vor Freitag getrennt hätten, hätte Iris weitere 5 Jahre auf ihr Geld warten müssen. Und: Wenn Iris den Zugriff bekommen und sich nach dem 5. Hochzeitstag von Carlos getrennt hätte, hätte diesem eine große Abfindung zugestanden.
Erzähle den anderen davon.
Carlos selbst ist auch recht vermögend. Als Immobilienmakler verdient er gutes Geld; ihn wird der Verlust des Erbes nicht besonders schmerzen.
Aber was bedeutet die Erbregelung für unseren Fall? **Geht alle Möglichkeiten durch.**
Dein Alibi für die letzte Nacht: Du warst lückenlos mit Hanna zusammen.

Nach den Ermittlungen schreibt jeder auf, wen er für den Täter/in hält und nach dem Dessert lösen wir den Fall gemeinsam auf.

Und noch einmal: Bitte bleibe dabei: Thomas ist tot!!!!

Carlos de la Santos
Aussage

IRIIISSS!!! MEINE kleine deutsche Supermaus!!! Es kann nicht wahr sein. Was für ein furchtbares Ende dieser Reise. Meine Iris war eine sehr kleine Person und wog ganze 47 kg. Ich frage mich, ob ein starker Windstoß ... ich meine, ist so was möglich? Andererseits war es gestern rein wettertechnisch sehr ruhig. Und betrunken war Iris auch nicht. Sie trank immer sehr maßvoll, insofern kann ich einen Unfall wegen Trunkenheit auch ausschließen. Je mehr ich darüber nachdenke, je sicherer bin ich: Meine Iris wurde beseitigt. Sie hat zu viel gesehen. Das Ganze muss mit Thomas Bongers zusammenhängen. Jetzt, wo Iris ermordet wurde, glaube ich auch, dass er noch lebt. Vielleicht ist er an Bord gekommen und hat Iris beseitigt, damit sie ihn nicht verraten kann. Oder er hat hier Komplizen, die die Schmutzarbeit für ihn erledigt haben.

Wir müssen die letzten Bilder sehen, die Iris gemacht hat!

Wenn sie nicht immer mit diesem altmodischen Ding fotografiert hätte, sondern digital, wie jeder normale Mensch heutzutage, wüssten wir ja schon lange mehr. Aber es war ihr großes Hobby und sie entwickelte zu Hause tatsächlich auch immer alle Bilder selbst in einer Dunkelkammer.

Vielleicht war damals, als Thomas den Unfall hatte, alles ein abgekartetes Spiel, um die Versicherungssumme zu kassieren. Aber wer war dann der Tote? Es gab ja wirklich eine Leiche damals!

Wenn das wirklich so war, dann muss ja auch unsere Hanna großes Interesse daran haben, dass Thomas Bongers offiziell tot bleibt. Hanna ... hast du Iris ... nein ..., oder?

Iris ist gestern Abend gegen 21:45 Uhr noch einmal alleine losgezogen, weil ich so wahnsinnig müde war. Das war das letzte Mal, dass ich sie lebend gesehen habe; ich habe bis heute Morgen feste durchgeschlafen.

Hinweise Carlos de la Santos

Weitere Informationen für dich! Du darfst von all diesem Wissen in der Ermittlungsrunde Gebrauch machen! Wenn du etwas gefragt wirst, solltest du die Wahrheit sagen, denn du bist nicht der Täter und hast nichts zu befürchten.

Als Thomas bei dem Unfall damals ums Leben kam, war es schlimm für Hanna. Umso schöner, dass dein Schwager Jörg und Hanna später zueinander gefunden haben. Jörg ist übrigens der Zahnarzt von euch allen. Er hat seinerzeit maßgeblich zu der Identifizierung von Thomas beigetragen. Und dabei kann man die Polizei doch nicht betrügen. Sie hatten die Leiche und Jörg das Röntgenbild. Wie soll man das fälschen? **Berichte den anderen davon.**

Du warst gestern Abend wieder einmal plötzlich so unglaublich müde und kannst dir das nicht erklären. Dies ist dir in den letzten Wochen zu Hause auch schon einige Male passiert. Daher hast du heute den Schiffsarzt gebeten, dein Blut zu analysieren. Dies ist aber hier an Bord nicht möglich. Dein Verdacht: Entweder leidest du neuerdings an Narkolepsie, oder Iris hat dir etwas in den letzten Drink gegeben, um dich außer Gefecht zu setzen.

Aber warum? Wollte sie ungestört jemanden treffen? Und wenn ja, war sie wohlmöglich mit ihrem Mörder oder ihrer Mörderin verabredet? Und hat sie dich zu Hause auf dem gleichen Weg schon mehrfach ausgebremst? Was hatte Iris vor? Sie hat sich diese Kreuzfahrt als Geschenk zum fünften Hochzeitstag gewünscht, denn dieser Hochzeitstag ist ein bedeutendes Datum!

Begründung:

Vor 2 Jahren ist die Mutter von Iris und Jörg gestorben. Sie hat ihren Kindern je 3 Millionen Euro hinterlassen. Da die Mutter Iris aber für unzuverlässig hielt, hat sie verfügt, dass Jörg das geerbte Vermögen zunächst für Iris verwaltet. Sinngemäß wurde folgendes verfügt:

Das Erbe von Iris wird zunächst durch ihren Bruder Jörg verwaltet. Sie hat keinen Zugriff.

Wenn Iris 5 Jahre mit dem gleichen Mann verheiratet ist, erhält sie vollen Zugriff; Jörg ist dann der Aufgabe als Vermögensverwalter enthoben. (In der Folge wärst du nach Iris´ Tod auch der Alleinerbe

geworden)
Stirbt Iris vor Ablauf der 5 Jahre, erhält der Ehemann (also du) 2% der Summe = 60.000,00 Euro. Der Rest fällt zurück an die Familie, also an Jörg.
Wenn Iris vor Ablauf der 5 Jahre die Scheidung einreicht, verlängert sich der Auftrag von Jörg um weitere 5 Jahre.
Iris war also sehr daran interessiert, die 5 Ehejahre mit dir zu erreichen. Dies wäre am Freitag der Fall gewesen. Hätte sie sich danach von dir scheiden lassen, hätte dir eine größere Abstandssumme zugestanden.

Seit 2 Jahren hast du ein Verhältnis mit Joanna Schneider. Hier an Bord habt ihr euch regelmäßig in ihrer Kabine getroffen. Du hast Joanna schon länger versprochen, Iris zu verlassen und vertröstest sie immer wieder. Als Iris gestern gegen 21:45 Uhr noch einmal die Kabine verließ, hast du Joanna in ihrer Kabine angerufen; sie war aber nicht dort. Du bist dann, wie bereits erwähnt, feste eingeschlafen.

Iris hat die Chefhostess Beatrice ein paar Mal RITA genannt und geduzt. Dir war das peinlich und Frau Beatrice hat es ignoriert. War das wieder so eine Marotte deiner Frau oder gibt es eine Erklärung?
Frage Beatrice doch einmal danach.

Dein Alibi? Du hast keines, denn du hast ja alleine in der Kabine tief und fest geschlafen.

Nach den Ermittlungen schreibt jeder auf, wen er für den Täter hält und nach dem Dessert lösen wir den Fall gemeinsam auf.

Joanna Schneider
Aussage

Ich bin leitende Angestellte einer großen Lebensversicherung, die europaweit tätig ist.
Diese Reise unternehme ich alleine, weil eine Freundin von mir kurzfristig abgesprungen ist. Die Stornokosten wären so hoch gewesen, da habe ich beschlossen, es alleine zu wagen. Man lernt ja schnell Leute kennen auf so einem Schiff.
Mit den Ehepaaren Sievers und de la Santos habe ich nichts zu tun, wir haben uns erst hier an Bord kennengelernt. Iris de la Santos hat mir gestern Nachmittag kurz berichtet, dass sie im Katharinenpalast einem Toten begegnet wäre und sie wirkte sehr überzeugend.
Ich habe gestern Nacht bis 3:00 Uhr morgens in der Bord-Disco getanzt und bin erst in den frühen Morgenstunden ins Bett gegangen.

Hinweise Joanna

Weitere Informationen für dich! Du darfst von all diesem Wissen in der Ermittlungsrunde Gebrauch machen! Wenn du etwas gefragt wirst, solltest du dir deine Antwort gut überlegen, denn du bist die Täterin und hast einiges zu befürchten.

Du hast seit 2 Jahren ein Verhältnis mit Carlos. Er verspricht dir jetzt schon sehr lange, dass er sich scheiden lässt, aber bisher hat er nicht Wort gehalten. Zu dieser Reise hat er dich eingeladen und ihr habt euch auch einige Male zu einem Schäferstündchen in deiner Kabine getroffen. Diesen Zustand wolltest du aber nicht mehr hinnehmen. Du hast beschlossen, Iris die Wahrheit zu sagen und sie gestern zu einem Gespräch an Deck gebeten. Ihr habt euch für 22:00 Uhr verabredet.
Bei diesem Treffen hast du Iris von eurem Verhältnis erzählt und ihr gesagt, Carlos würde sie verlassen. Iris hat dich ausgelacht und dir erklärt, Carlos habe ständig Geliebte und du seist nur eine von vielen. Außerdem würde sie alleine bestimmen, wann diese Ehe beendet ist und nicht „eine kleine Versicherungstussi".
Du bist sehr wütend geworden und hast Iris kurzerhand über Bord geschubst. Es war ganz einfach, denn sie war recht klein und leicht und hat auch nicht mit einem Angriff gerechnet.
Danach hast du die Nacht in einem Club an Bord durchgetanzt. Dort saß auch das Ehepaar Kalunke aus Berlin. Sollte Herr Kalunke an deinem Tisch sitzen, frag ihn, ob er dich gesehen hat. Du warst vor und nach der Tat in dem Club; vielleicht gibt Kalunke dir ein Alibi, wer weiß schon, ob er immer auf die Uhr gesehen hat. Außerdem steht ja gar nicht genau fest, um wie viel Uhr Iris starb.
Gib auf keinen Fall ein Geständnis ab!

Wie du von dir ablenken kannst:
Du fragst dich, wie glaubwürdig Iris war. Sie schwindelte gerne und oft, das weißt du von Carlos´ Erzählungen. Wenn es aber stimmt, dass Thomas Bongers noch lebt, geht es um einen Versicherungsbetrug. Du hast inzwischen bei deiner Versicherung recherchiert und erfahren, dass Thomas Bongers tatsächlich bei der Gesellschaft ver-

sichert war, bei der du arbeitest. Die Witwe, also die jetzige Frau Hannah Sievers, hat nach seinem Tod 500.000 Euro erhalten. Es bestand für die Versicherung damals kein Zweifel daran, dass es sich bei dem Toten um Thomas Bongers handelte. Dies war durch einen Zahnschema-Vergleich zweifelsfrei belegt worden.
Berichte den anderen davon.

Und noch etwas ist vielleicht wichtig: Du hast gestern Jörg Sievers beobachtet. Er machte sich im Spa-Bereich an der Tasche von Iris zu schaffen, als diese kurz auf dem WC war. Was hat er da gemacht?
Frag ihn danach.

Was dir sonst noch seltsam vorkam:
Iris hat die Chefhostess Beatrice mehrfach mit dem Namen RITA angesprochen und sie geduzt.
Beatrice ist nicht darauf eingegangen. Was sollte das?
Frag Beatrice doch einmal danach.

Und noch etwas:
Carlos ist in den letzten Wochen recht unzuverlässig. Er verspricht, dich am Abend zu besuchen und kommt dann einfach nicht. Er nutzt immer die gleiche Ausrede: Er sei plötzlich, ohne Vorzeichen, tief und fest eingeschlafen. Sollte euer Verhältnis ans Licht kommen, sprich ihn auf diesen Umstand an. Leidet er wohlmöglich an Narkolepsie? (plötzlich auftretende Schlafattacken)

Gib auf keinen Fall ein Geständnis ab; wir klären den Fall später gemeinsam auf.

Beatrice, Chefhostess an Bord der Bavaria-II
Aussage

Ich war gestern vor Ort, als sich Frau de la Santos an der Warteschlange vor dem Katharinenpalast an uns allen vorbeigemogelt hat. Sie hat der russischen Reiseführerin gesagt, sie müsse dringend zu Toilette. Ganz schön clever, aber nicht sehr fair.
Später ist sie einfach schon einmal im Palast geblieben und mit einer anderen Gruppe ins Bernsteinzimmer gelangt. Natürlich war die Aufregung bei ihrem Mann und dem Ehepaar Sievers groß; sie wussten ja nicht, wo sie abgeblieben war. Ich habe dann später beobachtet, wie sie mit einem mir unbekannten Mann vor dem Schloss einen Wortwechsel hatte. Sie lief hinter ihm her, aber er antwortete unwirsch und ließ sie einfach stehen.
Danach ist sie mir dann noch einmal in dem weitläufigen Garten des Palastes begegnet. Sie stand hinter einer Hecke und fotografierte diesen Mann. Ich habe sie angesprochen und sie gebeten, dies zu unterlassen, aber sie hörte gar nicht zu. Sie war sehr aufgeregt und stammelte immer: DAS glaubt mir kein Mensch!
Ich bin dann weiter und war sehr erstaunt, dass sie nicht zu unserem Bus kam. Florian hat ja dann noch lange erfolglos nach ihr gesucht. Ehrlich gesagt, so ein Verhalten von eigensinnigen und egoistischen Passagieren kann ich nicht besonders gut leiden. Wir hatten außerdem ja nur ein Gruppenvisum und sie hätte gar nichts auf eigene Faust unternehmen dürfen. Sie kann froh sein, dass das alles so gut für sie ausgegangen ist und sie dann irgendwann, kurz vor Auslaufen des Schiffes, mit einem Wagen zurück zum Hafen kam.
Ich habe sie mir vorgeknöpft, aber sie war völlig uneinsichtig.

Ich hoffe, Sie alle fühlen sich trotzdem noch sicher hier an Bord. Wir legen morgen nach Fahrplan in Stockholm an und tun alles, um Ihnen den Aufenthalt weiter so angenehm wie möglich zu gestalten.

Hinweise Beatrice

Weitere Informationen für dich! Du darfst von all diesem Wissen in der Ermittlungsrunde Gebrauch machen! Wenn du etwas gefragt wirst, solltest du die Wahrheit sagen, denn du bist nicht der Täter und hast nichts zu befürchten.

Du hast ein großes Geheimnis. Dein richtiger Name ist Rita Block und du lebst seit deinem 16. Lebensjahr im Zeugenschutzprogramm. Du hast damals in einem Mordprozess gegen Verwandte aus einer Rockerbande ausgesagt. Du bekamst neue Papiere, hast später eine Ausbildung bei einer Reederei gemacht und den Kapitän Henner van Stappen geheiratet. Die Ehe scheiterte, inzwischen seid ihr beiden aber beste Freunde. Henner weiß nichts von deiner Vorgeschichte.
Iris de la Santos aber ist die Ähnlichkeit zu „Rita" aufgefallen; sie lebte als Kind mit ihrem Vater und dessen zweiter Frau im gleichen Dorf in Brandburg. Sie hat dich gefragt, ob du Rita Block bist.
Du hast dies abgestritten, aber Iris blieb dabei und hat dich ständig mit Rita angesprochen und auch einfach geduzt. Du hast das ignoriert, aber es hat dich schon beunruhigt. Deine Verwandten sind immer noch auf der Suche nach dir und wenn sie dich finden, musst du um dein Leben fürchten.

Du hast Iris gestern Abend noch einmal gesehen; sie war zum Labor unterwegs und wollte den Film zum Entwickeln wegbringen. Der Film ist noch im Labor.
Du wirst hier aber später noch eine Information zu erhalten.

Iris hat dich während der Reise mehrfach gefragt, ob du ihren Mann irgendwo gesehen hast. Dieser schien ja ständig auf Achse zu sein. Du hast ihn vorgestern aus der Kabine von Joanna Schneider kommen sehen. Was hat er da gemacht? Woher kennen die beiden sich?
Frage sie/ihn danach.

Florian Meier kam durch eine Empfehlung an die Stelle hier. Es war ein wenig seltsam. Die Reederei hat dich angewiesen, Florian einzustellen. Normalerweise läuft das anders, aber du hast nicht weiter

darüber nachgedacht.
Frag ihn einmal, wie es zu dieser Anstellung hier kam.

Und noch etwas ist wichtig: Es steht nicht fest, um wie viel Uhr genau Iris de la Santos über Bord ging. Es war in der Nacht, aber wann genau ist nicht feststellbar.
Erzähle den anderen davon. Wer hat Iris wann zuletzt gesehen?
Du bist nach Dienstschluss in den Spa-Bereich gegangen und hast dich massieren lassen. Du warst dort von ca. 21:00 Uhr bis 22:30 Uhr. Danach bist du zu Bett gegangen.

Du erhältst während der Ermittlungen später noch eine **Zwischeninformation**. Bitte frage danach, falls der Spielleiter dies vergessen sollte.

Nach den Ermittlungen schreibt jeder auf, wen er für den Täter hält und nach dem Dessert lösen wir den Fall gemeinsam auf.

Florian Meier, Chefanimateur
Aussage

Es ist meine erste Reise auf einem Kreuzfahrer. Bisher habe ich in den Semesterferien immer in Clubs oder großen Hotels gearbeitet. Mein Studium ist bald beendet und ich muss in Kürze Geld verdienen. Am besten auch viel Geld, denn meine Freundin erwartet Zwillinge.
Schauen wir, wohin es uns treibt und wo ich ein Engagement finden.

Ich kannte Frau de la Santos nur flüchtig; sie fiel allerdings immer wieder negativ auf. Ich musste sie, nach ihrem plötzlichen Verschwinden am Katharinenpalast, suchen. Beatrice hatte mich darum gebeten. Es ist nicht lustig, wenn man sich als Passagier während einem Ausflug einfach so vom Acker macht und dann auf eigene Faust zum Schiff zurückkommt, während andere in dem 100 ha großen Park nach einem suchen. Ich habe irgendwann die Suche aufgegeben und bin mit einer anderen Bavaria-Gruppe zurück zum Schiff. Frau de la Santos kam dann später, kurz vor dem Ablegen des Schiffes, mit einem privaten Fahrdienst, den man im Palast für sie organisiert hat.
Sie hat sich noch nicht einmal entschuldigt für ihr Verhalten und fand das ganz normal. Das hat mich wirklich geärgert und ich hätte ihr gerne mal die Meinung gegeigt – allerdings darf man das ja nicht. Der Passagier ist König ... so die oberste Losung unserer lieben Beatrice.

Hinweise Florian

Weitere Informationen für dich! Du darfst von all diesem Wissen in der Ermittlungsrunde Gebrauch machen! Wenn du etwas gefragt wirst, solltest du die Wahrheit sagen, denn du bist nicht der Täter und hast nichts zu befürchten.

Persönliches:
Du bist als Baby zur Adoption freigegeben worden und hast liebevolle Eltern gefunden. Wer deine leiblichen Eltern sind, weiß du nicht. Du hast darüber nachgedacht, diese über das Jugendamt zu suchen, bist aber noch unentschlossen. Zunächst willst du nun dein Studium Tanz und Gesang beenden und dann möglichst bei einer Musical-Produktion anheuern. Außerdem wirst du bald selbst Vater und musst dich auf andere Dinge konzentrieren.

Diese Stelle hier auf der Bavaria hast du auf seltsame Art bekommen: Die Reederei hat dich angeschrieben und dir die Stelle angeboten. Das hat dich sehr verwundert, aber du warst froh, denn sie bezahlen hier sehr gut.

Was dir aufgefallen ist während der Reise:
Carlos de la Santos ist ziemlich oft in der Nähe von Joanna Schneider anzutreffen. Diese reist angeblich alleine, ist das wirklich so?

Carlos de la Santos wirkte am Morgen nach der Tat seltsam auf dich. Er war leichenblass, gähnte andauernd und schien vollkommen neben sich zu stehen; ganz so, als habe er einen Vollrausch.
Sprich ihn darauf an.

Ein Zimmermädchen hat die Kabine von Iris und Carlos aufgeräumt und unter Iris´ Bett ein Buch gefunden mit dem Titel: „Der perfekte Mord“ von Andrew Davis. Ist das ein Zufall? Wem gehörte das Buch? Iris oder Carlos? **Frage ihn, ob es sein Buch ist.**

Außerdem hast du folgendes recherchiert: An Bord gibt es eine Bibliothek. Iris hat sich einen Zugang zu den elektronischen Daten geben lassen und sich auffallend viel in dem Bereich „Tod an Bord eines Kreuzfahrtschiffes“ bewegt. Sie hat sich erkundigt, auf welche Weise Passagiere an Bord ums Leben kamen usw. Was hatte Iris vor? Wollte sie sich wohlmöglich ihres Ehemannes oder einer anderen Person entledigen? Was könnte der Grund dafür sein? **Bitte stoße diesen Gedanken an und sucht nach Gründen für solche Pläne.**

Diese Millionärin, Mrs. Donna Dump, hat sich ein paar Mal mit Iris unterhalten. **Frage Donna, was die beiden zu bereden hatten.**
Ein Alibi für die Nacht hast du nicht; du schläfst alleine in einer kleinen Kabine.

Nach den Ermittlungen schreibt jeder auf, wen er für den Täter hält und nach dem Dessert lösen wir den Fall gemeinsam auf.

Jupp Kalunke, Reisender aus Berlin
Aussage

Mein Name ist Jupp, Jupp Kalunke aus Berlin. Sie werden das nicht glauben, aber meine Frau Gerda hat diese Reise hier im Preisausschreiben gewonnen. (lacht sich kaputt)
Nee sowat ... Gerda macht ja schon Jahre jedes Rätsel mit, was ihr unter die Fittiche kommt.
Sie hat schon alles Mögliche gewonnen:
Ein paar Skier, die wir nicht gebrauchen konnten, eine Busfahrt in die Eifel, die sich als Kaffeeverkaufsfahrt herausstellte und – das war was vernünftiges – ein 6-teiliges Topf-Set.
Aber so eine Reise wie diese hier, das war bisher das Beste.

Gerda und ich waren mit am Katharinenpalast und standen auch in der Schlange davor. Es nieselte und war kalt an dem Tag und ich sag noch so zu Gerda, da hätteste besser eine Reise in die Karibik gewonnen.
Naja, auf jeden Fall hat sich die junge Frau da plötzlich in Bewegung gesetzt und ist an uns allen vorbei, rein ins Schloss. Ich hab mich dann auch sofort beschwert, aber bei den Russen biste machtlos.
Nun freuen wir uns auf Stockholm und vielleicht kriegen wir ja die Silvia zu sehen. Das wäre doch mal schön. Meine Mutter stammt ja auch aus Heidelberg und ... ja, Gerda? Wie jetzt ... ich rede zu viel ... ja ... ja. Gerda, ja ... ich komm ja schon. Tschööö dann alle zusammen, Gerda will zum Essen.

Hinweise Jupp

Weitere Informationen für dich! Du darfst von all diesem Wissen in der Ermittlungsrunde Gebrauch machen! Wenn du etwas gefragt wirst, solltest du die Wahrheit sagen, denn du bist nicht der Täter und hast nichts zu befürchten.

Du hast Iris de la Santos im Katharinenpalast mit einem fremden Mann gesehen; sie hatte einen Disput. Der Mann lief mit seiner Reisegruppe durch den Palast und Iris redete aufgeregt auf ihn ein. Er hat schließlich einen Sicherheitsmann um Hilfe gebeten; dieser hat Iris aufgefordert, die Belästigungen einzustellen.
Erzähle den anderen davon.

Dieser Erbschaftsvertrag beinhaltete Sprengstoff; **geht alle Möglichkeiten durch**, die er aufzeigt. **Wer ist jetzt der Erbe von Iris?**

Du hast am Tatabend in der Bar beobachtet, dass Iris ihrem Mann eine Substanz aus einem Fläschchen ins Glas gekippt hat, als er kurz auf dem WC war. Du hast sie darauf angesprochen und sie erklärte dir, dies seien seine Tropfen für den Kreislauf.
Frage Carlos, ob er Kreislauftropfen nehmen muss.

In der Tatnacht warst du mit Gerda in einem Club an Bord tanzen. Dort hast du auch Joanna Schneider gesehen. An Uhrzeiten kannst du dich allerdings nicht erinnern.

Du bist in deiner Heimatstadt als Ehrenamtler tätig und betreust Obdachlose. Dies ist eine sinnvolle Tätigkeit, denn diese Menschen haben keine Lobby und auch oft niemanden, der nach ihnen fragt oder sich kümmert. Wenn z.B. ein Obdachloser spurlos verschwindet, nimmt man oft an, er sei einfach weitergetingelt. Und viele werden anonym beerdigt, weil sie keine Papiere bei sich haben. **Erzähle den anderen von dieser Arbeit.**

Höre gut zu, was die anderen aussagen. Du wirst nicht unter Verdacht geraten, hast daher den Kopf frei und kannst dich ganz auf die

Ermittlungen konzentrieren.

Nach den Ermittlungen schreibt jeder auf, wen er für den Täter hält und nach dem Dessert lösen wir den Fall gemeinsam auf.

Neutraler Beobachter
Aussage

(bitte als letzter in der Runde vortragen)

Ich nehme als neutraler und unabhängiger Beobachter an dieser Ermittlungsrunde teil.
Dies ist insofern von Vorteil, als dass ich sehr genau hinhören und aufpassen kann, denn ich bin nicht so befangen wie alle anderen am Tisch.

Der Mörder kann sich also darauf gefasst machen, dass ich die Person bin, vor der er sich am meisten in Acht nehmen muss.

Ich werde sehr genau darauf achten, was die einzelnen Personen aussagen und bin sicher, dass ich dem Täter auf die Spur kommen werde.

Hinweise Neutraler Beobachter

Weitere Informationen für dich! Du darfst von all diesem Wissen in der Ermittlungsrunde Gebrauch machen! Wenn du etwas gefragt wirst, solltest du die Wahrheit sagen, denn du bist nicht der Täter und hast nichts zu befürchten.

Auf den ersten Blick kommt es dir vielleicht etwas langweilig vor, keine eigene Rolle zu haben. Das ist aber auf keinen Fall so, denn du hast als einziger am Tisch den Kopf frei und musst dich nicht mit eigenen Motiven und dergleichen beschäftigen.

Einige der Personen, die hier am Tisch sitzen, haben ein kleines oder größeres Geheimnis - und diese Geheimnisse gilt es, herauszufinden. Oft gehen gute Ermittlungsansätze im Gespräch unter, weil neue Vorwürfe laut werden und das vorher Gesprochene in Vergessenheit gerät. Höre genau hin und versuche, jeder einzelnen Aussage auf den Grund zu gehen.

Mach dir Notizen, wenn du etwas wichtig erachtest. Sei darauf gefasst, dass du schon alleine wegen deiner Anwesenheit verdächtigt werden kannst. Verteidige dich vehement, denn du hast ja nichts getan. Verbünde dich mit einem der Beschuldigten und verteidige ihn vehement, aber nur mit jemand, den du selbst als Täter ausschließt!

Bedenke: Die meisten Morde sind eine Beziehungstat und geschehen aus Eifersucht oder verschmähter Liebe. Aber auch die Gier darf nicht als Motiv unterschätzt werden. Der springende Punkt heute ist: Wer hatte ein Motiv, diese Tat zu begehen und wer die Gelegenheit?

Nach den Ermittlungen schreibt jeder auf, wen er für den Täter hält, und später lösen wir den Fall gemeinsam auf.

Zwischeninfo für Beatrice
– bitte zirka nach 15 Minuten bei den Ermittlungen an Beatrice überreichen! Sie darf das dann öffentlich bekanntgeben.

Bord-Fotolabor BAVARIA II

Wenn Sie beim Vergrößern und Drucken Ihrer Fotos in puncto Qualität, Brillanz und Langlebigkeit keine Kompromisse machen wollen, dann ist unser Bord-Fotoservice erste Wahl für Sie. Lassen Sie Ihren Fotodruck auf den Zentimeter genau in Ihrer Wunschgröße produzieren – als echten Foto-Abzug, akkurat kaschiert, versiegelt oder exakt in den von Ihnen gewählten Rahmen eingepasst.

Order: 5879504984873736

Kunde:	KABINE 4536
Einlieferdatum:	
Hinweis:	Der abgegebene Film enthielt keine Aufnahmen.
Kosten:	Kulanzleistung

Auflösung „Schatten der Vergangenheit“

In diesem Fall gibt es einige „Schatten der Vergangenheit“ aufzuarbeiten. So haben wir z.B. erfahren, dass Henner van Stappen überraschend Vater geworden ist und dass Beatrice im Zeugenschutzprogramm lebt. Diese Begebenheiten haben aber nichts mit dem Mord an Iris de la Santos zu tun.

Bei Henner, Florian, Beatrice, Donna und auch Jupp Kalunke ergibt sich nicht wirklich ein Motiv. Selbst, wenn wir unterstellen, dass Beatrice in Panik geraten ist, weil Iris sie offensichtlich erkannt und mehrfach mit ihrem ursprünglichen Namen „Rita“ angesprochen hat: Trauen Sie Beatrice eine solche Tat zu? Sie war als ganz junge Frau schon so gefestigt, dass sie in einem großen Prozess gegen die eigene Rocker-Familie ausgesagt hat; als Mörderin kommt sie nicht wirklich in Frage.

Verdächtig bleiben also Hanna und Jörg Sievers, Carlos de la Santos und Joanna Schneider.

Schauen wir noch einmal auf unsere Handlungsstränge:

Hanna Sievers war früher mit Thomas Bongers, einem überschuldeten Geschäftsmann, verheiratet. Dieser starb bei einem Autounfall und verbrannte bis zur Unkenntlichkeit.

Durch einen Zahnschema-Vergleich wurde er, unter Mithilfe von Jörg, dem damaligen Zahnarzt von Thomas, identifiziert, später eingeäschert und auf See beigesetzt. Hanna konnte mit dem Geld einer Lebensversicherung die Schulden begleichen und heiratete später eben diesen Zahnarzt, Dr. Jörg Sievers.

Iris de la Santos behauptete nun, Thomas in Puschkin am Katharinenpalast gesehen und fotografiert zu haben. Der Beweis konnte nicht erbracht werden, der Film mit den Aufnahmen war leer.

Lebt Thomas noch oder hat Iris geschwindelt? Es gibt kein Grab; die Leiche vom Autounfall wurde eingeäschert und auf See bestattet. Wenn Thomas nicht leibhaftig wieder auftaucht, wird man hier keinen Beweis für seine Existenz erbringen können.

Sie werden gleich mehr dazu erfahren; ich bitte noch um einen Moment Geduld.

Joanna Schneider hat seit 2 Jahren ein Verhältnis mit Carlos, dem

feurigen Ehemann von Iris und glaubte bisher fest an sein Versprechen, Iris zu verlassen. Sie ist mit auf diese Kreuzfahrt gegangen und traf Carlos ab und zu immer wieder in ihrer Kabine.
Carlos leidet seit einiger Zeit unter einer Art Narkolepsie. Es geschieht immer wieder, dass er urplötzlich todmüde wird und dann einschläft.
In Iris´ Kosmetikartikeln wurden K.-o.-Tropfen gefunden. Hier liegt die Vermutung nahe, dass Iris ihren untreuen Carlos immer wieder mit diesen Tropfen außer Gefecht gesetzt hat.
Und dann gibt es noch den Erbvertrag. Sie haben eben erfahren, dass die Mutter von Jörg und Iris beiden Kindern je 3 Millionen Euro hinterlassen hat.
Dieser Erbvertrag besagt:
Iris und Jörg haben je 3 Millionen Euro geerbt, aber Iris hat keinen direkten Zugriff auf ihr Erbe; es wird von Jörg verwaltet.
Iris erhält erst dann Zugriff, wenn sie 5 Jahre mit dem gleichen Mann verheiratet ist. Dies wäre in einigen Tagen soweit gewesen. Bei Scheidung oder Trennung vor Ablauf der 5 Jahre hätte sich Jörgs Auftrag um weitere 5 Jahre verlängert.
Dies bedeutet im Klartext:
Iris wollte diese 5 Jahre Ehe unbedingt durchhalten, um endlich Zugriff auf ihr Vermögen zu bekommen. Daher hat sie so manchen Seitensprung von Carlos toleriert, ihn aber, wenn es ihr zu bunt wurde, mit K.-o.-Tropfen außer Gefecht gesetzt.
Carlos war ebenfalls daran interessiert, die 5 Jahre mit Iris zu erreichen und das aus gutem Grund:
Hätte Iris diesen Tag mit Carlos erreicht, wäre er, im Falle ihres späteren Todes, ihr Alleinerbe geworden.
Da Iris nun vor Ablauf der 5 Jahre verstorben ist, erhält Carlos nur 2% der Erbsumme, also 60.000,00 Euro.
Es ist daher absolut anzunehmen, dass Carlos nicht der Täter ist.
Was aber wäre passiert, wenn Iris Zugriff auf ihre Millionen bekommen hätte und sie sich dann von Carlos getrennt hätte? In diesem Fall hätte Carlos eine größere Summe als Abfindung zugestanden. Iris hätte also einen Teil des Geldes an ihren Ex-Mann verloren.
Dies wollte sie bestimmt verhindern. Sie hat sich bei der Millionärin

Donna nach Geldanlagen erkundigt und plante ihre Zukunft offensichtlich ohne Carlos. Außerdem hat sie recherchiert, wie Passagiere auf Kreuzfahrten ums Leben kommen. Es ist sehr stark zu vermuten, dass Iris den Mord an ihrem Mann geplant hat, um ihr Erbe nach dem 5. Hochzeitstag und einer folgenden Scheidung nicht teilen zu müssen.
Nun ist also Jörg der Haupterbe von Iris und kann sich über weitere 2.940.000,00 Euro freuen.
Dies macht Jörg sicher verdächtig, zumal auch seine Rolle im Falle Thomas noch offen ist. Allerdings war Jörg Sievers den gesamten Abend und auch die gesamte Nacht mit Hanna zusammen. Insofern haben beide ein Alibi.
An dieser Stelle wird oft angeführt, dass Jörg und Hannah den Mord an Iris gemeinsam begangen haben, um einen evtl. Versicherungsbetrug mit Thomas zu vertuschen.
Erinnern Sie sich aber an die Vorlesegeschichte, als Hanna die SMS von Iris bekam? Aus dieser geschilderten Szene geht einwandfrei hervor, dass Hannah extrem geschockt war und ihr Mann Jörg sie getröstet hat. Hätten beide gewusst, dass Thomas lebt, wäre diese Szene so nicht geschildert worden.
Kommen wir zu Joanna Schneider, der Geliebten in der Warteschleife. Joanna hat kein Alibi. Sie sagt, sie habe die ganze Nacht in der Bar getanzt, aber in so einer schummrigen Bar kann sicher jeder mal kommen und gehen, ohne dabei beobachtet zu werden.
Joanna war es leid, auf Carlos zu warten und da dieser ihrer Meinung nach nicht den Mut hatte, sich von seiner Frau zu trennen, wollte sie das übernehmen. Sie hat Iris um ein Gespräch gebeten und die beiden verabredeten sich am späten Abend an Deck. Iris griff erneut zu den K.-o.-Tropfen und setzte Carlos außer Gefecht; sie wollte in Ruhe hören, was ihr Joanna zu sagen hatte. Joanna teilte Iris bei diesem Treffen mit, dass sie seit 2 Jahren die Geliebte von Carlos ist und dass er nur nicht den Mut habe, es ihr zu sagen.
Iris lachte die junge Frau aus und erklärte ihr, sie sei nur eine Geliebte von vielen.
Außerdem würde sie, Iris, alleine bestimmen, wann die Ehe mit Carlos zu Ende sei.

Joanna wurde so wütend, dass sie Iris einen Schubs gab und diese über Bord ging.
Joanna ist heute unsere Täterin; vermutlich hat sie mit ihrer Tat aber Carlos das Leben gerettet.

Nachwort

Und nun erzähle ich Ihnen noch kurz, was weiter geschah:
Der Taxifahrer hielt in der Nacht nach kurzer Fahrt vom Kreuzfahrthafen Kadsgarten vor einer schmuddelig wirkenden Bar in der Stockholmer Altstadt an und sah sich zu seinem Fahrgast um.
„Hier ist es“, stellte er skeptisch fest. „Sind Sie sicher, dass Sie hier richtig sind?“
Der Gast nickte, legte dem Fahrer einige Kronen Trinkgeld zum Fahrpreis und stieg dann aus. Einen Moment blieb er unschlüssig stehen und blickte hinüber zu der düster und wenig einladenden Gaststätte. Dann drehte er sich zu dem jungen Taxifahrer um, der inzwischen die Scheibe an der Fahrertüre heruntergekurbelt und ihn beobachtete. „Würden Sie warten?“
Der junge Mann nickte.
„Machen Sie aber nicht zu lang; ich will Feierabend machen!“
Er stellte den Taxometer wieder an, nahm sich eine Tageszeitung vom Rücksitz und sah Jörg nach, bis dieser in der Kneipe verschwunden war.
Die Bar hatte die besten Jahre lange hinter sich und wirkte innen nicht wesentlich freundlicher als von außen. Eine spärliche Beleuchtung über der Theke sorgte für schummriges Licht und an einem der Tische in einer Nische saß nur ein einziger Gast.
Eine rothaarige, ältere Frau stand hinter dem Tresen.
„A Beer?“
Jörg nickte und setzte sich dann zu dem anderen Gast in der Nische.
Eine Weile schwiegen die beiden.
Erst als die Rothaarige das Bier serviert hatte und kurz in der Küche verschwand, ergriff Jörg das Wort.
„Wie hast du mich gefunden?“
Sein Gegenüber antwortete mit leiser Stimme.
„Die Sache mit Iris´ Tod auf der Bavaria II stand in allen Zeitungen. Und als sie mich im Katharinenpalast verfolgt hat, sagte sie mir, dass ihr alle zusammen auf Kreuzfahrt seid.“
Jörg trank einen Schluck. Er hatte die anonyme Nachricht mit Treffpunkt und Uhrzeit in dieser Bar am Morgen über die Bordpost erhalten und gleich gewusst, wer ihm diese geschickt hatte.

Thomas beugte sich leicht vor.
„Wie geht es Hanna? Weiß sie jetzt Bescheid?“
„Wissen?“ Jörg schüttelte den Kopf.
„Vielleicht ahnt sie etwas. Es kann aber niemand beweisen, dass du noch lebst. Die Fotos, die Iris im Katharinenpalast von dir gemacht hat, sind vernichtet und Thomas Bongers wurde vor 8 Jahren eingeäschert. Eine Exhumierung ist ausgeschlossen.“
Thomas nickte erleichtert.
„Ich wollte für Hanna nur das Beste und dass sie ein schuldenfreies und glückliches Leben führen kann. Und außer der Versicherung hat damals ebenfalls niemand Schaden genommen. Der Obdachlose, den wir in der Nacht im Park fanden und mit dem wir den Unfall inszeniert haben, war schon tot. Wir haben nur seine sterbliche Hülle und die Röntgenbilder, die du glücklicherweise von ihm hattest, genutzt.“
Jörg starrte auf sein Bier und räusperte sich, bevor er antwortete.
„Auf etwas anderes hätte ich mich auch nie eingelassen. Ich wollte dir seinerzeit nur aus deiner verfahrenen Schuldenlage helfen, weil du mein bester Freund warst. Wo lebst du jetzt?“
„Es ist besser, wenn du es nicht weißt! Ich habe außerhalb von Europa ein neues Leben begonnen. Es geht mir gut und wir werden uns sicher nie wiedersehen.“
Mit diesen Worten stand Thomas Bongers auf und ging zurück in sein neues Leben.

Und die anderen Kreuzfahrer? Wie ging es mit Ihnen weiter?
Florian Meier ist inzwischen Vater von Zwillingen geworden. Nach einem längeren USA-Aufenthalt und einem Praktikum in der Firma seiner leiblichen Mutter Donna hat er entschieden, dass die Modebranche nicht das Richtige für ihn ist. Er hat eine Festanstellung bei einem Hamburger Musical bekommen und wohnt mit seiner kleinen Familie glücklich und zufrieden an der Alster. Und wenn die Bavaria II im Hafen liegt, besucht er regelmäßig seinen Vater Henner; die beiden haben sich immer viel zu erzählen!
Donna Dump hat in Ermangelung eines Nachfolgers ihr USA-Imperium an einen Texaner verkauft, einen Großteil des Erlöses in

die Bill und Melinda-Gates-Stiftung eingebracht und ist nach Köln gezogen. Inzwischen wurde ihr von einem dort ansässigen Privatsender eine eigene Sendung angeboten unter dem Motto: Wie angelt man sich einen Millionär?

Die erste Staffel ist bereits abgedreht und gesendet. Da das Niveau der Sendung relativ niedrig ist, sind die Einschaltquoten sehr hoch und Donna wurde bereits für eine weitere Staffel verpflichtet.

Beatrice, die wunderbare Chefhostess, fährt mit der Bavaria II und ihrem Ex-Mann Henner weiter die Weltmeere hinauf und hinunter und verwöhnt die Passagiere. Die zuständigen Beamten vom Zeugenschutzprogramm haben herausgefunden, dass Iris keinerlei Informationen an die Rocker-Familie weitergegeben hat und dass ihre neue Identität nicht aufgeflogen ist.

Da Henner nun aber die Wahrheit kennt, wollen die beiden ohne Altlasten einen Neuanfang wagen.

Die Kalunkes sind wieder gut in Berlin zurück; Gerda hat bereits die nächsten Preisausschreiben gewonnen und neben einem Satz neuer Frotteebettwäsche und einem 12-teiligen Besteckkasten ist auch wieder eine Reise dabei. Diesmal soll es nach Ägypten gehen.

Hanna ist spurlos verschwunden. Als Jörg kurz nach der Kreuzfahrt aus der Praxis nach Hause kam, waren all ihre Sachen weg und er hat bis heute nichts mehr von ihr gehört.

Carlos de la Santos hat sich von Joanna getrennt. Er konnte mit dem Verdacht, dass Joanna etwas mit dem Tod seiner Frau zu tun hat, nicht umgehen. Aktuell hat er an der VHS einen Kurs mit dem Titel: „Fremdgehen – warum passiert das überhaupt" belegt und hofft, dadurch seine Leidenschaft für die Mehrfachbeziehung unter psychologischer Anleitung in den Griff zu bekommen.

Joanna Schneider wurde im Todesfall Iris de la Santos verhört; es konnte ihr aber keine Tatbeteiligung nachgewiesen werden. Zurzeit ist sie in Australien, um einen von ihrer Gesellschaft vermuteten Versicherungsbetrug aufzuklären. Sie soll nach Thomas Bongers forschen. Der Hinweis auf den 5. Kontinent kam von einer früheren Nachbarin, die Thomas und Hanna Bongers aus ihrer Ehezeit noch kannte. Diese Nachbarin behauptet, sie habe die inzwischen ebenfalls verschollene Hanna mit ihrem angeblich verstorbenen Ehemann

Thomas in Wollongong, einer australischen Kleinstadt gesehen. Ob was dran ist? Joanna – da bin ich sicher – wird es herausfinden.

-ENDE

Autorenportrait

Cornelia H.-Müller ist seit 2006 als Autorin tätig.
Ihr Genre sind Mitspielkrimis, Kinderspielgeschichten und Theaterstücke.

Autorenkontakt über glashauskrimi@glashauskrimi.de

Besuchen Sie Cornelia H.-Müller auf ihrer Homepage:
www.glashauskrimi.de

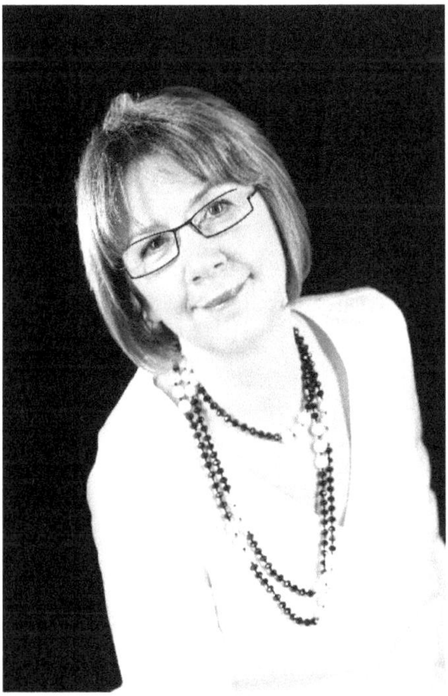

Weitere Bücher von Cornelia H.-Müller, erschienen im Edition Paashaas Verlag:

Krimiparty:
5 neue Fälle für Ihre Ermittlungen zu Hause
ISBN: 978-3-9813928-8-3, Preis: 13,95€

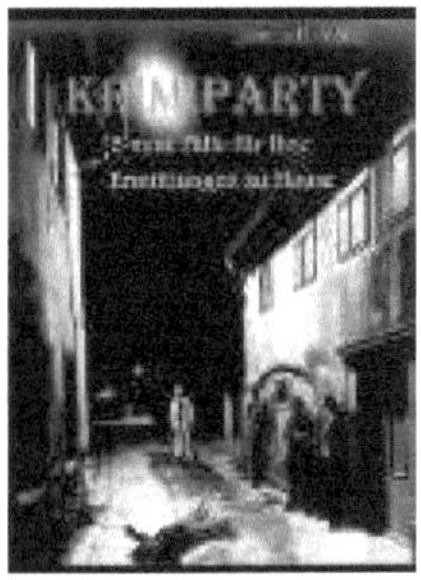

Entdecken Sie Ihren kriminalistischen Spürsinn!
Mithilfe dieses Buches können Sie zu Hause gemeinsam mit Ihren Familienmitgliedern und Gästen auf Tätersuche gehen. Sie ermitteln und befragen, Sie bewerten Tatsachen und Aussagen und Sie finden schließlich heraus, wer der Täter oder die Täterin ist.

Diese Krimis finden Sie in dem Buch: Irrtum oder Absicht? - Für 5-7 Spieler Mord in bester Gesellschaft- Für6 Spieler Muttertag - Für 8-10 Spieler
Mann über Bord - Für 7-10 Spieler Feine Verhältnisse! - Für 7-10 Spieler

Krimiparty Sonderausgabe 1: Plötzlich und erwartet
ISBN: 978-3-942614-25-2, Preis: 7,95€

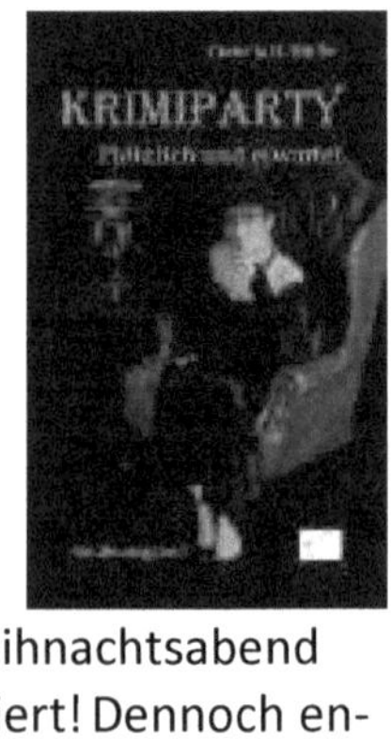

Karl-Friedrich von Staffelberg lädt seine Familie und einige Freunde zu einem feierlichen Weihnachtsessen ein. Zum ersten Mal ist in diesem Jahr auch Karl-Friedrichs frischangetraute dritte Ehefrau, die junge und schöne Jaqueline, dabei. Dies wäre kaum erwähnenswert, stün- den nicht auch die beiden Ex-Ehefrauen des Fabrikanten, Irene und Monika, auf der Gästeliste. Zu alledem sieht sich der Gastgeber am Weihnachtsabend mit wirklich ärgerlichen Indiskretionen konfrontiert! Dennoch endet das Fest ganz harmonisch, doch am nächsten Morgen gibt es einen Toten in der Villa zu beklagen ...

Krimiparty Sonderausgabe 2:
Workshop mit Todesfolge
Ein Krimi aus dem Allgäu.
ISBN: 978-3-942614-39-9, Preis: 7,95€

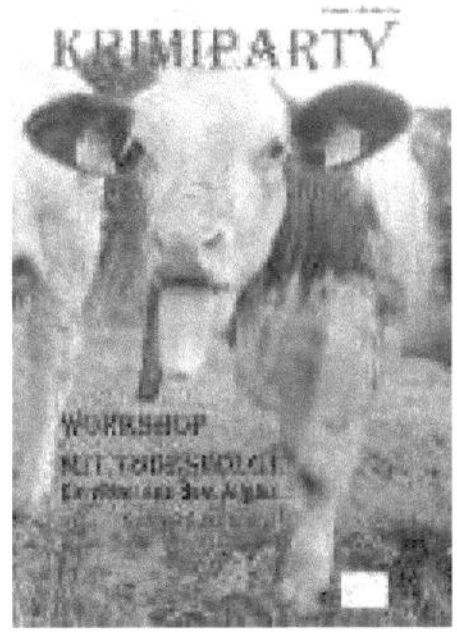

Toni Burger führt gemeinsam mit seiner Frau Zenzia einen einsam gelegenen Sennerhof inmitten des wunderschönen Allgäus. An einem Wochenende trifft sich dort oben auf 1800 m eine recht gemischte Reisegruppe, um mit einem Fasten- und Meditationsprogramm dem Alltag, zumindest für kurze Zeit, zu entfliehen. Ganz so friedlich wie die Wollschweine, die der Toni züchtet, ist die Gegend allerdings nicht, denn schon am zweiten Tag gibt es einen Toten zu beklagen. Warum dieser sterben musste, was ein Wollschwein-Workshop unter Männern damit zu tun hat und warum ein Sylter Strandkorb auf einem Sennerhof im Allgäu steht ... dies herauszufinden, wird Ihre Aufgabe sein.

Krimiparty Sonderausgabe 3: Die Rache
A Thriller- für Ladies only.
ISBN: 978-3-942614-41-2, Preis: 7,95€
Die Rache ist süß... und manchmal zartbitter!

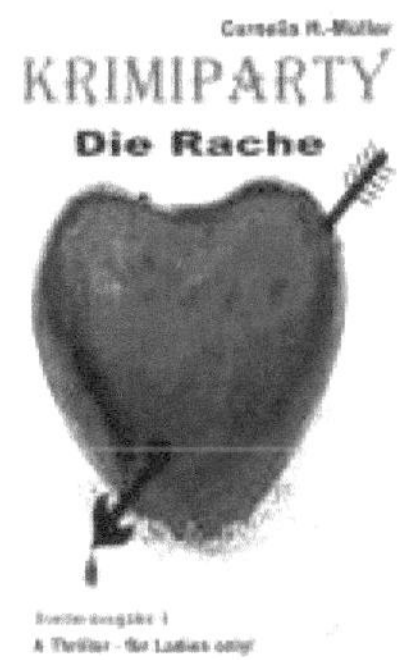

8 Frauen treffen sich an einem Wochenende im November in dem einsam gelegenen Landhaus der schwerreichen Camilla von Strelitz.
Dort, in den Highlands nahe Iverness, sorgen ein Stromausfall, ein durchgebrannter Gaul und ein Todesfall für reichlich Abwechslung. Ermitteln Sie mit, wenn wir versuchen, etwas Licht in diesen nebulösen Fall zu bringen.

Krimiparty Sonderausgabe 4: MorgenGrauen

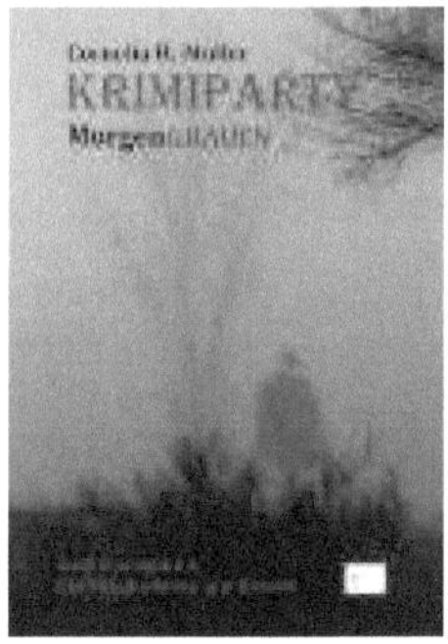

Ein Mitspielkrimi aus Bayern
ISBN: 978-3-942614-58-0, Preis: 7,95 €

Lokalzeitung Wulfrathhausen:
Der Brauereibesitzer Konrad Weiblinger wurde bei einem Jagdunfall im Wulfrathshausener Forst tödlich verletzt.
Nähere Umstände zu dem tragischen Unglück sind bislang nicht bekannt. Der Unternehmer war weit über die Grenzen Bayerns hinaus bekannt und geschätzt. Besonders tragisch ist, dass Konrad Weiblinger am kommenden Montag die Münchner Immobilienhändlerin Susanne Schwammberger heiraten wollte...

Krimiparty Sonderausgabe 5: Spargelsilvester

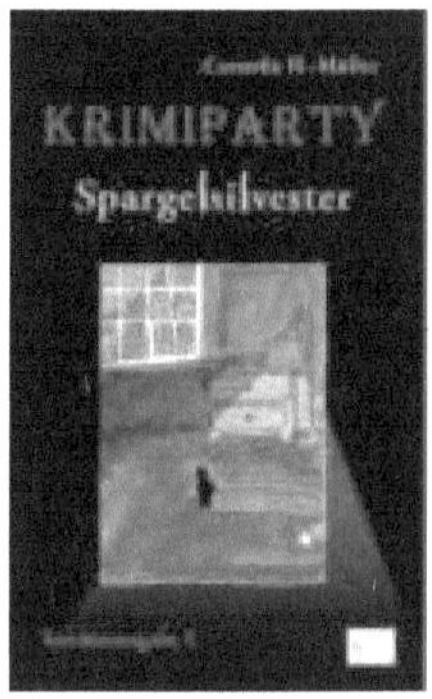

Ein ländlicher Krimi nicht nur zur Spargelzeit!
ISBN: 978-3-942614-71-9, Preis: 7,95€

Harry Petterson, Spargelbauer und Besitzer von Gut Landswede in Schleswig-Holstein, hat großen Grund zur Sorge. Ein hässlicher Erbstreit trübt die Stimmung in der Familie ebenso, wie das außergewöhnliche Geschenk, welches Hetty dem gemeinsamen Sohn Heiko ohne jede Absprache zum 22. Geburtstag gemacht hat. Und Tochter Syke? Sie treibt sich neuerdings auffällig oft im Heu herum und zickt mit ihrer aus Amerika angereisten Kusine Jaba um die Wette. Als das für die Landarbeiter, Freunde und Nachbarn ausgerichtete Spargelfest zum Saisonende für einen der Bewohner des Hofes tödlich endet, beginnt der Alptraum für Harry und die Seinen allerdings erst so richtig!

Und als besonderes Highlight gibt es passend zum Krimi noch ein Spargelrezept von Sternekoch Sascha Stemberg!

Krimiparty Sonderausgabe 6 - Inkognito
- ein Hotelkrimi
Cornelia H.-Müller
ISBN: 978-3-945725-12-2, 7,95€
Neuerscheinung Februar 2015

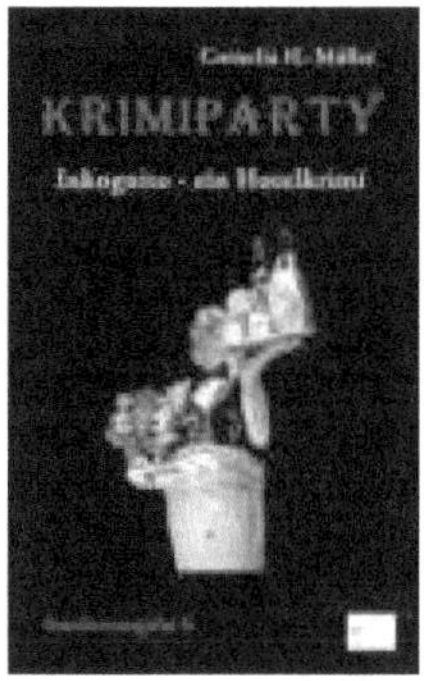

Spitzenkoch Jaques Pampelmues steht vor seinem größten Triumph; nachdem sein Kochbuch „Jaquesá la Carte" seit Wochen auf den Bestsellerlisten steht, plant der Fernsehproduzent Frank Bachhausen jetzt eine eigene Kochshow im TV mit ihm. Man sollte annehmen, dies seien wunderbare Nachrichten für Jaques und seine tüchtige Frau Wanda, aber warum zickt Letztere plötzlich so herum? Und warum checkt die Schauspielerin Vanessa Steenhagen unter falschem Namen im Hotel Pampelmues ein? Eine Leiche in Zimmer 223, ein Feueralarm und zwei vertauschte Koffer führen zu weiterer Verwirrung in diesem undurchsichtigen Fall.

Krimiparty Kids - Band 1 Kunstraub in New York ISBN: 978-3-945725-25-2,€ 7,95

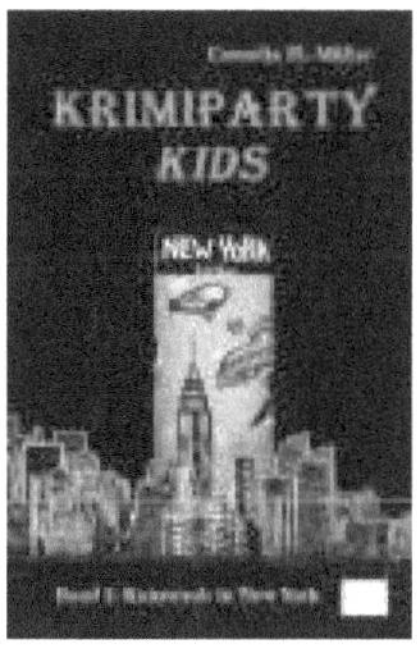

Der Künstler Harm Airbrush wittert die Chance seines Lebens, als eine New Yorker Galeristin völlig überraschend einen Besuch in seinem Hamburger Atelier ankündigt. Sie ist allerdings nur an einem einzigen Bild interessiert und dieses verschwindet wenig später auf rätselhafte Weise. Die Ermittlungen führen unsere Mitspieler bis nach New York. Werden sie den Kunstdieb entlarven können?

Anders als bei der beliebten Krimiparty-Reihe geht es bei *Krimiparty Kids* nicht um Mord. Daher sind diese Ermittlungen auch für ein jüngeres Publikum bestens geeignet.

Krimiparty Sonderausgabe 7 Bayern-Spezial mit 2 Fällen: MorgenGrauen + Neues aus Wulfrathshausen

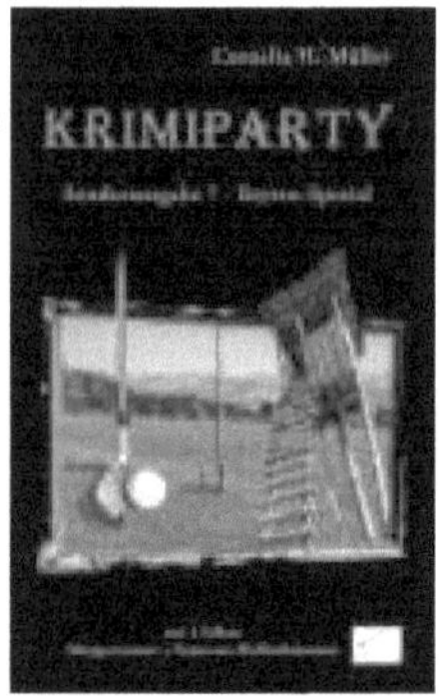

Beide Kriminalfälle sind unabhängig voneinander spielbar.

ISBN: 978-3-945725-45-0, 11,95 €

1: MorgenGrauen (Sonderausgabe 4)

Der Brauereibesitzer Konrad Weiblinger wird bei einem Jagdunfall im Wulfrathshausener Forst tödlich verletzt. Schnell steht fest, dass die Theorie eines Unfalls nicht aufrechterhalten werden kann. Aber wer hatte ein Motiv, den Unternehmer aus dem Weg zu räumen?

2: Neues aus Wulfrathshausen (Sonderausgabe 10)

Ganz Wulfrathshausen fiebert der Eröffnung des neuen Golfplatzes entgegen! Im Ort selbst trifft derweil der neue Pfarrer ein und überrascht die Dorfgemeinschaft ebenso mit seiner unkonventionellen Arbeitsweise wie mit Fragen zur Vergangenheit.

Ein Journalist aus Berlin, verschiedene DNA-Analysen und ein Drama auf der Driving-Range sind einige der Zutaten zu diesem Fortsetzungs-Krimi von "MorgenGrauen."

Krimiparty Sonderausgabe 8:
Der fast perfekte Mord- ein Sylt-Krimi

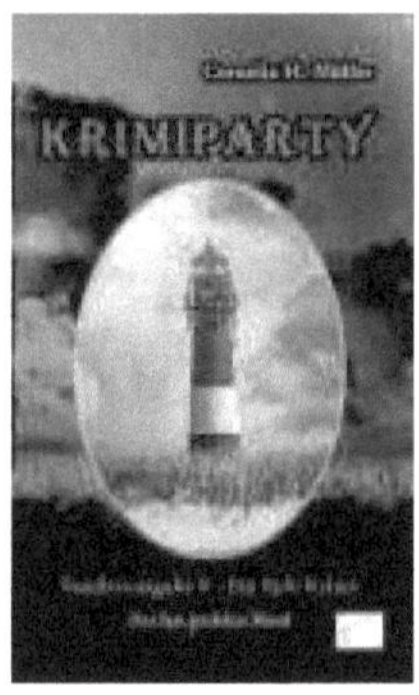

ISBN: 978-3-945725-84-9, 7,95€

Auch ein so traumhafter Ort wie die wunderschöne Insel Sylt ist vor Verbrechen nicht gefeit. Kommissar Ludger Hansen hat in diesem Mitspielkrimi von Cornelia H.-Müller den Mord an einem Finanzbeamten aufzuklären. Beinahe zeitgleich zu dem Verbrechen gab es am Strand von Hörnum einen seltsamen Unfall mit einem Schwerverletzten. Hängen beide Fälle zusammen oder ist dies einfach nur Zufall?

Krimiparty Sonderausgabe 9: Die Wette
ISBN: 978-3-945725-98-6, 7,95€

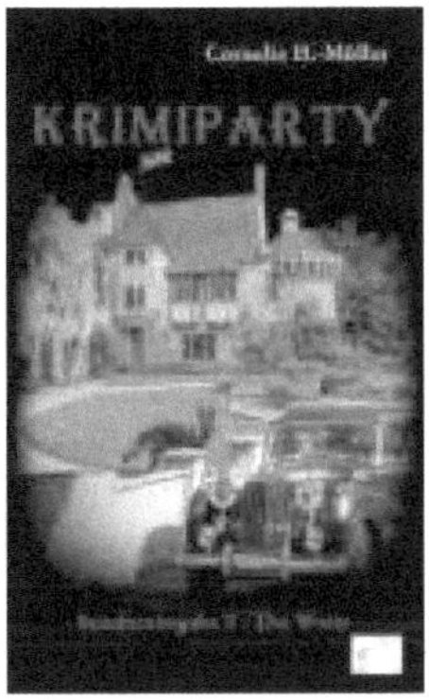

Lord Ashtenburry musste sein Anwesen, das altehrwürdige Linley-Castle, veräußern. Der neue Besitzer, ein texanischer Ölmilliardär, lädt die Ashtenburrys und weitere Gäste auf das Schloss ein. Keine leichten Zeiten für den gleich mit erworbenen Butler des Hauses. Trotzdem spricht alles für einen launigen Abend, bis es zu einer geradezu aberwitzigen Wette kommt. Noch vor Mitternacht gibt es eine Leiche und Inspector Hannibal Winter wird es nicht einfach haben, den Mord aufzuklären. Kommen Sie mit auf das schottische Schloss und versuchen Sie, den Fall mit Ihrem Ermittlerteam zu entwirren!

Murder Mystery Party 1: The Bet
ISBN: 978-3-96174-000-0
€ 9,95, USD: 13,95, GBP: 10,95
Translated from German to English by Annette Oppenlander, Bloomington, Indiana, USA

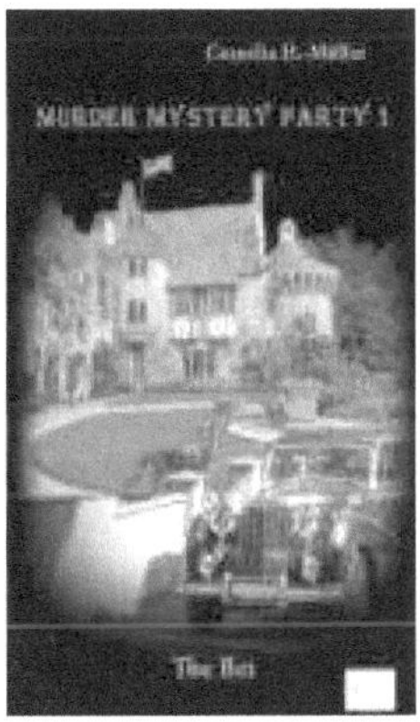

Lord Ashtenburry had to sell his manor, the venerable Linley Castle. The new owner, a Texan oil billionaire, invites the Ashtenburrys and other guests to the castle. Trying times for the butler who was included in the purchase. Nonetheless, everything appears to point to a jolly evening until a downright outrageous bet is placed. It is not even midnight when a dead body is discovered and Inspector Hannibal Winter will not have an easy time to resolve the murder. Come along to the Scottish castle and, together with your investigation team, try to solve the case! As always, this book is linked to the Internet. Find all necessary accessories here for download and printing.

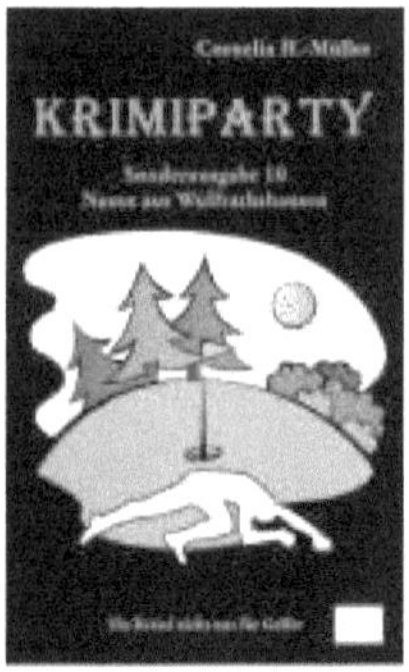

Krimiparty Sonderausgabe 10:
Neues aus Wulfrathshausen
Ein Krimi nicht nur für Golfer!
ISBN: 978-3-96174-002-4, € 7,95

Endlich ist es soweit!
Wulfrathshausen, ein kleiner Ort in Oberbayern bekommt nach langer Planungs- und Bauphase einen eigenen Golfplatz. Der Investor und Bau- herr Xaver Moosgruber kann es kaum erwarten, diesen seiner Bestimmung zu übergeben.
Im Ort selbst trifft derweil der neue Pfarrer ein und überrascht die Dorfgemeinschaft ebenso mit seiner unkonventionellen Arbeits- weise wie mit Fragen zur Vergangenheit.
Ein Journalist aus Berlin, verschiedene DNA-Analysen und ein Drama auf der Driving-Range sind einige der Zutaten zu diesem Krimi aus Oberbayern.

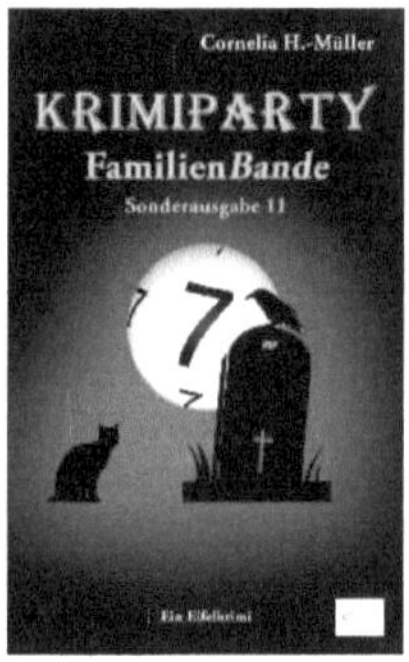

Krimiparty Sonderausgabe 11: Familien*Bande*
- ein Eifelkrimi
ISBN: 978-3-96174-021-5, € 7,95

Haben Sie schon vom tragischen Ende des Jagdaufsehers Willi Schmitz gehört? Er fiel unglücklich vom Hochstand und brach sich offensichtlich das Genick. Und ob dies nicht genug Kummer für seine Frau wäre, wird in der Nacht nach diesem Unglück auch noch ins Haus des Verstorbenen eingebrochen. Gestohlen wurde nichts, aber alles durchwühlt.
Wen oder was haben die Einbrecher gesucht? Und ist Willi tatsächlich verunglückt oder wurde nachgeholfen? Die Gerüchteküche in der Eifel brodelt jedenfalls, wie früher die Vulkane in der sanft geschwungenen Hügellandschaft. Vielleicht können Sie ja etwas Licht in die mysteriösen Vorkommnisse im beschaulichen Eifelort Ebersbach bringen.

Alle Bücher sind überall im Buchhandel erhältlich
oder auch unter: **www.verlag-epv.de** zu bestellen.